Die positiven Vertragsverletzungen.

Von

Hermann Staub.

In zweiter Auflage herausgegeben und ergänzt

von

Eberhard Müller,
Rechtsanwalt.

Berlin 1913.
J. Guttentag, Verlagsbuchhandlung,
G. m. b. H.

Vorwort zur zweiten Auflage.

Staubs „Positive Vertragsverletzungen“ gehören ohne Frage zu den bedeutendsten Monographien seit der Schaffung unseres Bürgerlichen Gesetzbuches. Staubs Ideen haben denn auch in der Wissenschaft und durch das Medium des Reichsgerichts in der Rechtsprechung die größte Beachtung gefunden und auf die Rechtsentwickelung in hervorragendem Maße befruchtend eingewirkt. Wie wiederholte Anfragen an den J. Guttentagschen Verlag erweisen, besteht auch noch immer das Bedürfnis, auf die ursprüngliche, seit einiger Zeit vergriffene Staubsche Schrift zurückzugreifen. Der Verlag hat sich daher zu einer Neuauflage der „positiven Vertragsverletzungen“ entschlossen. Bei dieser war naturgemäß die Rechtsentwickelung, die seit dem Erscheinen der Schrift auf diesem Gebiete besonders kräftig eingesetzt hat, zu berücksichtigen, um die Schrift vor der Gefahr des Veraltens zu bewahren.

Hierbei stellte sich nun eine eigenartige Schwierigkeit entgegen. Das nächste wäre eine Darlegung der Staubschen Lehre unter gleichzeitiger Weiterverfolgung ihrer Entwickelung an den einzelnen Punkten bis zur Gegenwart gewesen. Eine solche Arbeit hätte aber der Anlage der Staubschen Schrift aus dem Jahre 1904 allzusehr widersprochen. Die im Jahre 1904 erschienene Monographie Staubs zerfiel in zwei voneinander scharf zu trennende Teile; in den beiden ersten Abschnitten gab Staub seine Ausführungen aus der J. Guttentagschen Festschrift für den 26. Deutschen Juristentag wieder, während er sich in den weiteren Abschnitten mit der Stellungnahme von Literatur und Praxis gegenüber seinen Lehren beschäftigte, soweit diese seit dem Erscheinen der Festschrift erfolgt war. In der jetzigen Auflage war die Stellungnahme von Literatur und Praxis bis zum heutigen Tage weiterzuführen. Dies wäre an sich in der Weise möglich gewesen, daß die beiden von Staub getrennten Teile miteinander systematisch verarbeitet wurden. Nur hätte die vorliegende Schrift sich dann nicht mehr als eine Neuauflage der alten Staubschen Schrift dargestellt, sondern als eine neue Schrift unter Zugrundelegung Staubscher Ideen. Die Eigenheiten der Staubschen Darstellungsweise hätten unter dieser Art der Bearbeitung allzusehr gelitten. Deshalb hat sich der Verfasser entschlossen, die Staubsche Einteilung beizubehalten und zunächst die grundlegenden Staubschen Lehren aus der Festschrift ungekürzt mit einigen wenigen redaktionellen Änderungen wiederzugeben, um sodann im zweiten Teil die weitere Entwickelung bis jetzt in ihren Hauptzügen zu verfolgen.

Berlin, den 29. Januar 1913.

Der Verfasser.

Vorwort zur ersten Auflage.

Diese Schrift enthält in ihren Abschnitten I und II die Wiedergabe meiner in der Guttentagschen Festgabe für den 26. Deutschen Juristentag enthaltenen Abhandlung „Über die positiven Vertragsverletzungen und ihre Rechtsfolgen" (September 1902). Inzwischen sind dieser Lehre mächtige Gegner, aber auch angesehene Freunde erstanden. Das bot mir den willkommenen Anlaß zu weiteren Ausführungen, die den Zweck verfolgen, jene praktisch so wichtige Lehre zu verteidigen, zu vertiefen und weiter auszubilden.

Berlin, den 3. April 1904.

Staub.

I.

Nach § 286 BGB. hat der Schuldner dem Gläubiger den durch den Verzug entstehenden Schaden zu ersetzen. Im Verzuge ist, wer eine Leistung unterläßt, zu welcher er verpflichtet ist. Damit ist deutlich und ausreichend Fürsorge getroffen für alle Fälle, wo jemand eine Leistung nicht bewirkt, die er zu bewirken verpflichtet ist, wo jemand unterläßt, was er tun soll.

Dagegen enthält das BGB. eine gleiche Vorschrift nicht für die zahlreichen Fälle, in denen jemand eine Verbindlichkeit durch positives Tun verletzt, in denen jemand tut, was er unterlassen soll, oder die Leistung, die er zu bewirken hat, zwar bewirkt, aber fehlerhaft.

Die Fälle, um die es sich hier handelt, sind von der allergrößten Wichtigkeit. Sie kommen im Rechtsleben täglich tausendfach vor. Sie begegnen uns auf Schritt und Tritt. Es verpflichtet sich jemand, die ihm verkauften Lampen nicht nach Frankreich weiter zu verkaufen; er tut es doch. Es liefert ein Kaufmann einem andern einen von ihm fabrizierten Leuchtstoff, der explosive Bestandteile hat, ohne den Käufer darauf aufmerksam zu machen; der Leuchtstoff richtet im Laden des Käufers großen Schaden an. Ein Agent gibt aus Nachlässigkeit unrichtige Berichte über die Solvenz eines von ihm gewonnenen Kunden, ein anderer arbeitet fortgesetzt für ein Konkurrenzgeschäft, obwohl darin nach Lage der Sache eine arge Pflichtverletzung zu erblicken ist. Ein Kommis verkauft aus Fahrlässigkeit weit unter dem Einkaufspreise. Ein Prinzipal gibt seinem Handlungsgehilfen ein unrichtiges Zeugnis.

Niemand wird zweifeln, daß in allen diesen Fällen der pflichtverletzende Teil die Verpflichtung hat, dem anderen Teil denjenigen Schaden zu ersetzen, der ihm durch die Pflichtverletzung erwachsen ist.

Wie ist aber dieser Rechtssatz zu begründen? Auf welche Gesetzesbestimmung stützt er sich? Ein Verzug liegt nicht vor Denn in keinem der Fälle ist etwas unterlassen, was der Verpflichtete hätte tun sollen. Überall ist vielmehr umgekehrt etwas getan, was hätte unterbleiben sollen; oder es ist zwar die Leistung bewirkt worden, die bewirkt werden sollte, aber sie ist fehlerhaft bewirkt worden. Überall liegt also Pflichtverletzung nicht durch Unterlassen, sondern durch positives Tun vor. Der § 286 BGB. greift also nicht Platz.

Im Kommentar zum HGB., 6./7. Auflage (Anm. 11 zu § 347) habe ich für alle Fälle dieser Art den Rechtsgrund der Schadensersatzpflicht in einem im Gesetzbuch nicht ausgesprochenen, aber gleichwohl ihm innewohnenden allgemeinen Rechtsgrundsatze gefunden, dahingehend, daß die Rechtsfolge der schuldhaften Verletzung einer bestehenden Verbindlichkeit in der Verpflichtung zum Schadensersatz besteht, sofern diese Rechtsfolge durch Gesetz nicht beseitigt ist.

Seitdem ist von anderer Seite versucht worden, das Bestehen eines solchen, nirgendwo ausgesprochenen allgemeinen Rechtsgrundsatzes in Abrede zu stellen und statt dessen aus den positiven Bestimmungen des BGB. den Rechtsgrund jener Schadensersatzverbindlichkeit nachzuweisen. Ein solcher Nachweis wäre gewiß erfreulich. Denn es ist allerdings mißlich, einen allgemeinen Rechtsgrundsatz von so eminenter praktischer Tragweite in den Bestimmungen des Gesetzbuches zu vermissen und ihn aus dem Geiste und dem Zusammenhange seiner Vorschriften herauszuinterpretieren. Der Nachweis, daß er ausdrücklich ausgesprochen ist, wäre gewiß dankenswert. Es ist aber nicht anzuerkennen, daß er geführt ist.

Auf verschiedene Weise hat man diesen Nachweis versucht.

Die einfachste Theorie ist die: Nach § 276 BGB. habe der Verpflichtete Vorsatz und Fahrlässigkeit zu vertreten. Das bedeute: Wer seine Pflicht vorsätzlich oder fahrlässig verletzt, hat dem andern Schadenersatz zu leisten. Das ist diejenige Theorie, die dem Juristen im Gefühle liegt, jene Theorie, die es bewirkt, daß man in Fällen der hier in Rede stehenden Art die Schadenersatzpflicht ausspricht, ohne sich Gedanken über ihren Rechtsgrund zu machen. Diese Gefühlstheorie hat auch einen wissenschaftlichen Vertreter gefunden. Crome (in seinem System des bürgerlichen Rechts, Bd. II S. 65) sagt: „Der Inhalt der Verpflichtung beschränkt sich meist darauf, daß ein gewisses Maß von Sorgfalt auf die Erfüllung verwendet werde. Ihre Außerachtlassung (Vorsatz, Fahrlässigkeit) macht also schadensersatzpflichtig" (§ 276 BGB.). Indessen ist es ein falsches Gefühl, welches dieser Theorie zugrunde liegt. Der § 276 BGB. gibt nichts weiter als eine Definition der zivilrechtlichen Schuld. Zivilrechtlich schuldhaft handelt, „zu vertreten hat", wer vorsätzlich oder fahrlässig handelt. Der Gesetzgeber bringt diese Definition im allgemeinen Teil des Rechts der Schuldverhältnisse, weil er mit diesem Begriff an zahlreichen Stellen operiert. Darunter befinden sich nicht wenige Stellen, wo eine Schadensersatzpflicht gar nicht in Frage steht (§§ 338, 351, 460, 543, 586, 645). Nichts hat dem Gesetzgeber ferner gelegen, als im § 276 BGB. den Grundsatz auszusprechen: Eine Handlung oder Unterlassung vertreten heißt: den aus der Handlung oder Unterlassung entstehenden Schaden ersetzen müssen. Dann wäre ja z. B. der § 286 BGB. gänzlich überflüssig. Denn da nach § 285 BGB. Verzug vorliegt, wenn der Verpflichtete die ihm obliegende Handlung vertretbarerweise zu bewirken unterläßt, so würde sich daraus ohne weiteres die Schadensersatzpflicht ergeben. Wozu sollte dann noch der § 286 BGB. bestimmen: Der Schulder hat dem Gläubiger den durch den Verzug entstehenden Schaden zu ersetzen? Der § 276 BGB. enthält also den Schlüssel nicht.

Auf andere Weise suchen Goldmann und Lilienthal den Nachweis zu führen, daß das Gesetzbuch jenen Grundsatz ausgesprochen hat. Im Anschluß an Titze (Die Unmöglichkeit der Leistung nach deutschem bürgerlichen Recht, Leipzig 1900) argumentieren sie (Das BGB., systematisch dargestellt, 2. Auflage Bd. I S. 333) wie folgt:

In allen Fällen der gedachten Art greife der § 280 Abs. 1 BGB. Platz. Derselbe lautet:

„Soweit die Leistung infolge eines von dem Schuldner zu vertretenden Umstandes unmöglich wird, hat der Schuldner dem Gläubiger den durch die Nichterfüllung entstehenden Schaden zu ersetzen."

Die Unmöglichkeit der Leistung könne sich nun auf jeden Bestandteil der Verbindlichkeit des Schuldners beziehen, auf den Gegenstand der Leistung, die Zeit der Leistung und den Ort der Leistung. Habe die geschuldete Sache nicht diejenigen Eigenschaften, welche sie nach dem Inhalte des Schuldverhältnisses haben müsse, werde eine Handlung nicht so geleistet, wie sie geschuldet werde, so sei die Leistung insoweit unmöglich, als die Sache oder die Leistung nicht dem Inhalte des Schuldverhältnisses entspreche. Habe z. B. eine vom Verkäufer zu liefernde Sache einen Mangel, so sei die vertragsmäßige Leistung unmöglich; stelle ein Gesellschafter eine falsche Bilanz auf, so sei die Aufstellung der richtigen Bilanz unmöglich. Meist werde es sich hier nur um eine zeitweise Unmöglichkeit handeln. Die Aufstellung der richtigen Bilanz bleibe möglich; aber auch wenn sie später erfolge, so bleibe sie doch für die vorhergehende Zeit, in der sie hätte erfolgen müssen, unmöglich. Doch kann dieser ganzen Argumentation nicht beigetreten werden.

Schon der erste Eindruck, den sie erweckt, ist der des Geschraubten und Gekünstelten. Der § 280 BGB. hat offenbar die Fälle im Auge, in welchen eine Unterlassung wegen Unmöglichkeit der Erfüllung vorliegt, in welchen also jemand eine positive Leistung schuldig ist und diese positive Leistung infolge der Unmöglichkeit, sie zu bewirken, unterbleibt. Mag auch der § 241 BGB. den Satz aussprechen, daß eine Leistung auch in einem Unterlassen bestehen kann, so läßt doch der Zusammenhang der weiteren Gesetzesparagraphen keinen Zweifel übrig, daß in den Bestimmungen über die Folgen der Unmöglichkeit der Leistung und des Verzuges unter der Leistung eine positive Leistung zu verstehen ist. Es wird hier insbesondere auf die §§ 323ff. verwiesen. In diesen werden die Fälle behandelt, in denen dem Schuldner die Leistung unmöglich wird, in engem Anschluß daran behandelt der § 326 BGB. die Fälle, in denen der Verpflichtete mit der ihm obliegenden Leistung im Verzuge ist. In letzterem Falle ist zweifelsohne nur gemeint das Unterbleiben der geschuldeten positiven Leistung, und deshalb kann auch darüber kein Zweifel bestehen, daß in den unmittelbar vorangehendeu Paragraphen unter der dem Schuldner obliegenden Leistung dasselbe gemeint ist, also eine positive Leistung, die hier *infolge einer Unmöglichkeit* unterbleibt, während sie im § 326 zwar möglich ist, aber verzögert wird.

Dieser Auslegung entspricht auch das natürliche Sprachgefühl. Wer einen Vertrag geschlossen hat, durch welchen er sich zu einer Unterlassung verpflichtet, von dem sagt man, daß er den Vertrag verletzt habe, wenn er tut, was er seiner Verpflichtung gemäß zu unterlassen hatte. Die Rechtsfolgen, die entstehen, sind Rechtsfolgen dieser positiven Pflichtverletzung. Aber unnatürlich und gekünstelt ist es, wenn man sich auf den Standpunkt stellt: die Zuwiderhandlung als solche ist es nicht, welche die Rechtsfolgen erzeugt; aber dadurch, daß der Schuldner diese Zuwiderhandlung begangen hat, hat er sich in die Unmöglichkeit versetzt, sie nicht zu begehen, und deshalb hat er, wenn diese Unmöglichkeit auf einem von ihm zu vertretenden Umstande beruht, nach § 280 BGB. dem anderen Teil den Schaden zu ersetzen, der ihm durch diese Unmöglichkeit erwächst.

Ist hiernach die Erklärung von Goldmann und Lilienthal so gewunden und unnatürlich, daß man nicht annehmen kann, sie liege dem Gesetze zugrunde, so kommt noch hinzu, daß sie auch sachlich das Richtige nicht trifft. Ein einfaches Beispiel soll dies zeigen. Ein Gesellschafter, dem die Bücherführung obliegt, hat innerhalb der ersten drei Monate des Geschäftsjahres die Bilanz aufzustellen. Je nach dem Ausfall der Bilanz werden geschäftliche Dispositionen getroffen. Schon in den ersten zwei Wochen stellt der bücherführende Gesellschafter freudestrahlend eine höchst günstige Bilanz auf, die andern Gesellschafter treffen daraufhin entsprechende geschäftliche Dispositionen. Vierzehn Tage später stellt sich heraus, daß der bücherführende Gesellschafter aus grober Fahrlässigkeit eine falsche Bilanz aufgestellt hat. Er legt jetzt die richtig gestellte Bilanz vor. Die wahre Vermögenslage ist bei weitem nicht so günstig, wie sie nach der ersten Bilanz schien, die daraufhin getroffenen geschäftlichen Dispositionen waren verfehlt und schadenbringend. Daß der bücherführende Gesellschafter für den Schaden haftet, ist zweifellos. Aber aus welchem Rechtsgrunde? Nach Goldmann und Lilienthal liegt Unmöglichkeit der Erfüllung vor. Der Gesellschafter hat eine falsche Bilanz aufgestellt, und deshalb ist die Aufstellung der richtigen Bilanz unmöglich. Das ist doch nicht richtig. Die Aufstellung der richtigen Bilanz war von vornherein möglich. Der bücherführende Gesellschafter hat nur wichtige Unterlagen der Bilanzaufstellung durch fahrlässiges Verhalten übersehen, und so ist es gekommen, daß er das nicht getan hat, was ihm möglich war, er hat durch seine positive Handlung seine Pflicht verletzt. Aber jetzt, das ist der Gedankengang von Goldmann und Lilienthal, nachdem er einmal die falsche Bilanz aufgestellt hat, ist ihm die Aufstellung der richtigen Bilanz unmöglich. Auch das ist nicht der Fall. Sie ist ihm durchaus möglich, und er hat sie auch nachträglich richtig aufgestellt. Aber es liegt doch wenigstens, so sagen Goldmann und Lilienthal, eine „zeitweise Unmöglichkeit der Erfüllung" vor. „Wenn sie später erfolgt, so bleibt sie für die betreffende Zeit, in der sie hätte erfolgen müssen, unmöglich." Auch das ist nicht richtig. Die Bilanz mußte aufgestellt werden innerhalb der ersten drei Monate des Geschäftsjahres, und in dieser Zeit ist sie auch richtig aufgestellt worden. Der Fehler lag einzig und allein darin, daß er die Bilanz, welche er aufstellte, unrichtig aufgestellt hat. Es liegt also lediglich eine Pflichtverletzung durch positives Handeln vor. Weder eine Unmöglichkeit im Gegenstande, noch eine Unmöglichkeit in der Zeit lag vor. Die richtige Bilanzaufstellung war möglich und auch in der vertragsmäßigen Zeit möglich, wie sie ja auch in der vertragsmäßigen Zeit aufgestellt worden ist.

Ein anderes Beispiel: Der Verkäufer schickt dem Käufer wurmstichige Äpfel. Dadurch werden die gesunden Äpfel des Käufers angesteckt und es entsteht ihm ein großer Schade. Dem Verkäufer, der kranke und gesunde Äpfel hatte, war es keineswegs unmöglich, gesunde Äpfel zu schicken, er hat dennoch kranke Äpfel geschickt. Auch nachdem er kranke Äpfel geschickt hatte, war es ihm nicht unmöglich, statt ihrer gesunde Äpfel zu schicken; auch „zeitweise Unmöglichkeit" liegt nicht vor, da er die Äpfel lange vor dem Ablauf der vereinbarten Erfüllungszeit geschickt und daher sehr wohl noch imstande war, auch zeitlich seiner Verpflichtung nachträglich zu genügen. Wenn er gleichwohl auf Schadensersatz haftet, so muß dies also einen anderen Rechtsgrund haben als Unmöglichkeit und sei es auch nur zeitweise Unmöglichkeit der Erfüllung.

Diese sogenannte zeitweise Unmöglichkeit der Erfüllung ist überhaupt eine sehr bedenkliche Sache. Sie soll immer dann vorliegen, wenn die Erfüllung zu der Zeit, wo sie erfolgen soll, nicht erfolgt. Denn nachdem die Erfüllungszeit abgelaufen sei, könne sie doch zur Erfüllungszeit nicht mehr erfolgen. Das ist geschraubt und gewunden und unrichtig. Wäre es richtig, so wäre die ganze Lehre vom Verzuge überflüssig. Verzug liegt ja gerade dann vor, wenn die Erfüllungszeit abgelaufen und noch nicht erfüllt ist. Wäre das Unmöglichkeit der Erfüllung im Sinne des BGB., was hätte dann der § 326 BGB. für einen Zweck und für eine Bedeutung? Der Gesetzgeber unterscheidet doch gerade Unmöglichkeit der Erfüllung — das sind die Fälle, wo der Verpflichtete die Leistung nicht bewirken kann — und Erfüllungsverzug — das sind die Fälle, wo er sie zwar bewirken kann, sie aber gleichwohl über die Erfüllungszeit hinaus verzögert. Diesen Gegensatz darf man nicht dadurch verwischen, daß man von „zeitweiser Unmöglichkeit" spricht, wenn zur Erfüllungszeit nicht erfüllt wird. Nicht einmal dann, wenn die Erfüllungszeit genau und fest bestimmt ist, und diese Zeitbestimmung einen wesentlichen Bestandteil des Vertrages bildet, also beim sogenannten Fixgeschäft, liegt in der Nichterfüllung am Stichtage Unmöglichkeit der Erfüllung. Nicht einmal in diesem Falle greifen die Bestimmungen über die Unmöglichkeit der Erfüllung Platz; vielmehr ist diesem Falle eine besondere Vorschrift gewidmet, nach welcher dem vertragstreuen Teil keineswegs die gleichen Rechte zustehen, welche ihm bei Unmöglichkeit der Erfüllung zustehen, sondern nur ein Rücktrittsrecht, und auch dieses nur im Zweifel (§ 361 BGB.).

Der Versuch von Goldmann und Lilienthal, die Verpflichtung zum Schadenersatz bei positiven Pflichtverletzungen aus ausdrücklichen Gesetzesbestimmungen abzuleiten, muß hiernach als mißglückt betrachtet werden.

Einen anderen Versuch unternimmt Schöller (bei Gruchot Bd. 46 S. 26ff.). Auch er erblickt in der positiven Pflichtverletzung eine Unmöglichkeit der Erfüllung, weil durch jede Zuwiderhandlung gegen eine Unterlassungspflicht die Unterlassung unmöglich werde; denn die einmal geschehene Tatsache der Zuwiderhandlung lasse sich nicht wieder ungeschehen machen; „die Zuwiderhandlung begründe also eine Unmöglichkeit der auf Unterlassung gerichteten Leistung". Erfülle der Verpflichtete mangelhaft, so habe er das „Andersleisten unterlassen". Das begründe im Sinne des Gesetzes eine Unmöglichkeit der Erfüllung der Unterlassungspflicht.

Wer möchte leugnen, daß auch diese Theorie schon auf den ersten Blick den Eindruck des Gekünstelten und Geschraubten macht? Schon ihre Wiedergabe erweckt das Gefühl, daß hier mit Gewalt etwas in das Gesetzbuch hineingelegt und aus ihm herausgeholt wird, was der natürlichen Auffassung widerspricht. Das verkennt übrigens Schöller selbst nicht. Er sagt: Das Gesetzbuch gehe in seinen allgemeinen Vorschriften über den Verzug und die Unmöglichkeit der Erfüllung von der Leistung als einer Handlung aus und fasse deshalb das Unterbleiben der Leistung als eine Unterlassung auf. Aber wenn das richtig ist, so kann nur das Unterbleiben einer geschuldeten positiven Leistung, nicht aber umgekehrt das positive Zuwiderhandeln gegen eine Unterlassungspflicht eine Unmöglichkeit der Erfüllung im Sinne des Gesetzes sein, und es liegt daher nicht „im Sinne des Gesetzes", wenn Schöller sagt: Handelt der Schuldner seiner Pflicht, das Andersleisten zu unterlassen, zuwider, so begründet das eine Unmöglichkeit der Erfüllung. Seine Deduktionen beziehen sich zunächst nur auf den Fall, daß der Verpflichtete eine ihm obliegende Leistung mangelhaft erfüllt. Hier erachtet er den Schuldner für verpflichtet, es zu unterlassen, anders zu leisten, und dieser Unterlassungspflicht handle der Schuldner zuwider durch die positive Handlung der Andersleistung. Schöller meint, man sei „zu solcher mehr oder weniger künstlichen Konstruktion gezwungen, um die rechtlichen Vorgänge in das Prokrustesbett des Gesetzestextes, der den Schadenersatz nur als Folge verschuldeter Verzögerung oder verschuldeter Unmöglichleit der Leistung kennt, einzuzwängen". Es kann aber nicht zugegeben werden, daß man zu solcher Gewaltmaßregel gezwungen ist. Habe ich die Wahl, ob ich das von Schöller und von mir übereinstimmend für notwendig erachtete Ergebnis direkt aus dem Gesetze herauslese, aber nur mit dem Zugeständnis, daß das Gesetz die Sache eigentlich anders auffaßt, und daß man zu dem Ergebnisse nur mit einer gekünstelten Konstruktion gelangt, nur durch Hineinzwängung der rechtlichen Vorgänge in das Prokrustesbett des Gesetzestextes, das also eingestandenermaßen nicht paßt, oder ob ich zu demselben Ergebnisse zwanglos durch einen allgemeinen Rechtssatz gelange, der im Wege der von unserem Gesetzbuch keineswegs verpönten Analogie gewonnen wird, dessen Existenz auch von den gesetzgebenden Faktoren selbst an anderer Stelle zugegeben wird (vgl. Denkschr. z. HGB. S. 202; vgl. meinen Komm. z. HGB. 6. bis 7. Aufl., Anm. 11 zu § 347), so ist die Wahl wahrlich nicht schwer.

Man ist hiernach berechtigt, auf Grund der nach der ganzen Sachlage naheliegenden und zwingenden Analogie des § 286 BGB. anzunehmen, daß ein Rechtsgrundsatz besteht, wonach derjenige, der eine Verbindlichkeit durch eine positive Handlung schuldhaft verletzt, dem anderen Teil den hierdurch entstehenden Schaden zu ersetzen hat. Zahlreiche rechtliche Vorgänge, die einer Regelung in diesem Sinne bedürfen, werden durch diesen Rechtsgrundsatz sachgemäß geregelt.

Eine der wichtigsten Anwendungen dieses Grundsatzes liegt darin, daß bei schuldhaft mangelhafter Erfüllung des Kaufvertrages über die ädilizischen Rechtsmittel hinaus ein allgemeiner Anspruch auf Schadensersatz besteht. Die ädilizischen Rechtsmittel beziehen sich nur auf die Fälle, in denen der Verkäufer, gleichviel, ob mit oder ohne Schuld, mangelhaft liefert, und auf die Fälle, in denen der Verkäufer durch die Zusicherung einer Eigenschaft die Garantie ihres Vorhandenseins übernommen hat, und endlich auf die Fälle, wo er durch arglistiges Verschweiges eines Fehlers einen dolus begangen hat (§§ 459, 463 BGB.). Nicht berücksichtigt sind hier überall die zahlreichen Fälle, in denen durch die mangelhafte Erfüllung dem Käufer ein Schaden entsteht, ohne daß der Fall der Zusicherung einer bestimmten Eigenschaft oder dolose Verschweigung eines Fehlers vorliegt. Es liefert z. B. der Verkäufer dem Käufer mottige Pelzware, feuchte Lederwaren, wasserdurchtränkten Teer, sauren Wein, alles Waren, welchen gewöhnlich vorausgesetzte Eigenschaften fehlen. Es ist aber keine bestimmte Eigenschaft zugesichert, und der Fall liegt auch nicht so, daß der

Fehler arglistig verschwiegen ist. Würde man nun einen Anspruch auf Schadensersatz in solchen Fällen nicht zugestehen, so würde der Käufer wohl das Recht haben, den Kauf rückgängig zu machen, oder den Kaufpreis zu mindern, oder andere Ware zu verlangen. Aber alle diese Rechte reichen in den meisten Fällen absolut nicht aus, um den Erfordernissen der Gerechtigkeit zu genügen, nämlich immer dann nicht, wenn dem Käufer durch die mangelhafte Lieferung bereits ein Schaden erwachsen ist. Der Käufer hat vielleicht infolge der mangelhaften Lieferung seiner eigenen Lieferungsverpflichtung nicht gerecht werden können und wird seinem Abnehmer schadensersatzpflichtig. Oder die mangelhaft gelieferte Ware verdirbt seine eigene Ware und richtet dadurch Schaden an. Oder die mangelhaft gelieferte Ware ist wegen des Mangels polizeilich beschlagnahmt worden, und dem Käufer sind Auslagen an Strafe und Kosten entstanden. Nur durch Anwendung jenes allgemeinen Grundsatzes geschieht hier der Gerechtigkeit Genüge. Ausgeschlossen ist hier jedenfalls die Schadenersatzpflicht dadurch nicht, daß das Gesetz die ädilizischen Rechtsmittel gegeben hat. Auch nach früherem Recht haben Wissenschaft und Rechtsprechung übereinstimmend angenommen, daß durch die ädilizischen Rechtsmittel nur die Folgen der mangelhaften Erfüllung, ohne Rücksicht auf die Schuldfrage, geregelt werden sollten, daß aber durch die ädilizischen Rechtsmittel die weiteren Rechtsfolgen der auf schuldhafter Pflichtverletzung beruhenden mangelhaften Erfüllung nicht beseitigt sind (RG., Bd. 44, S. 242; Eccius, PrPrivR., 7. Aufl., Bd. I, S. 506; Rehbein und Reincke Anm. 167 zu § 320, Bd. I 5 ALR.). Dabei muß allerdings die Einschränkung gemacht werden, daß der Grundsatz dort nicht gilt, wo er neben den ädilizischen Rechtsmitteln keinen Raum hat. Er gilt in allen den Fällen, wo die verkaufte Spezies nachträglich durch die Schuld des Verkäufers mangelhaft wird oder wo der Verkäufer eine Gattungssache oder eine von ihm herzustellende Sache durch seine Schuld mangelhaft liefert. Er gilt aber z. B. nicht, wenn der Verkäufer eine mit Fehlern behaftete Spezies verkauft, ohne den Mangel dolos zu verschweigen und ohne Zusicherung der Mangelfreiheit. Denn in diesen Fällen sind dem Käufer die ädilizischen Rechtsmittel gegeben und nur diese.

II.

Aber mit diesem Rechtsgrundsatz ist dem Verkehr noch immer nicht gedient. Wie der Gesetzgeber sich nicht damit begnügt hat, dem im Verzuge befindlichen Schuldner die Schadensersatzpflicht wegen jeder einzelnen Unterlassung aufzuerlegen, sondern bei zweiseitigen Verträgen dem Berechtigten weit darüber hinausgehende Rechte (Schadensersatz wegen Nichterfüllung des ganzen Vertrages und Rücktritt) gewährt hat (§ 326 BGB.), so kann auch hier der Verkehr mit der bloßen Schadensersatzpflicht für jeden einzelnen Verletzungsfall nicht auskommen. Die bloße Auferlegung dieser Schadensersatzpflicht entspricht so wenig dem Rechtsgefühl, daß man auch die weitergehenden Rechte auf Rücktritt oder auf Schadensersatzpflicht wegen Nichterfüllung des ganzen Vertrages ohne weiteres zu gewähren geneigt ist, ohne sich über den Rechtsgrund dieser Gewährung klar zu werden.

An Beispielen, die dem Rechtsleben entnommen sind, soll dies dargelegt werden.

Ein Gastwirt verpflichtet sich auf Jahre hinaus, sein Bier von einer bestimmten Brauerei zu beziehen, die Brauerei verpflichtet sich, es ihm fortgesetzt zu liefern. Er erhält trotz wiederholter Beanstandung einen Monat hindurch schlechtes Bier. Ist er immer wieder nur darauf angewiesen, das Bier unverzüglich nach der Lieferung zu rügen, es zur Verfügung zu stellen, und bestenfalls nach dem zu I von uns gewonnenen Rechtsgrundsatze Schadensersatz wegen jeder schuldhaft mangelhaften Lieferung zu fordern? Aber inzwischen geht seine ganze

Wirtschaft zugrunde. Sollte es ihm verwehrt sein, von dem ganzen Vertrage zurückzutreten? Wer ist nicht geneigt, ihm dieses Recht zu gewähren, ja sogar nach seiner Wahl auch Schadensersatz wegen Nichterfüllung des ganzen Vertrages in dem Sinne, wie er dem § 326 BGB. zugrunde liegt, und vom Reichsgericht (Bd. 50, S. 262) zutreffend fixiert ist?

Der Besitzer einer Badeanstalt hat einen Kohlenlieferungsvertrag geschlossen, wonach der Kohlenhändler dem Besitzer der Badeanstalt während des ganzen Sommers täglich eine Quantität Kohlen zu liefern hat. Die Lieferung beginnt im April, drei Wochen hintereinander fallen die Kohlen schlecht aus, die Badeanstalt kann bei solcher Kohlenlieferung nicht in ordnungsmäßigem Betrieb erhalten werden. Soll der Besitzer der Badeanstalt nicht berechtigt sein, von dem Vertrage zurückzutreten oder Schadensersatz wegen Nichterfüllung des Vertrages zu wählen, sondern immer nur die tägliche Kohlenlieferung zu bemängeln?

Eine Aktiengesellschaft befindet sich im Besitz einer Erfindung, betreffend einen neuen Brenner, eine andere im Besitz eines Betriebsgeheimnisses, betreffend die Herstellung eines neuen Zylinders, der das Licht intensiver macht. Sie schließen einen Vertrag auf mehrere Jahre, wonach jede Gesellschaft der anderen ihren Artikel zu liefern hat und jede der beiden Gesellschaften sich verpflichtet, die Artikel der anderen nicht nach dem Auslande zu liefern, um die Erlangung von Patenten im Auslande dadurch nicht zu erschweren. Die eine Gesellschaft fehlt fortgesetzt gegen die letztere Verpflichtung und trotz eindringlicher Verwarnung. Sollte es keine Möglichkeit geben, auf Grund dieser positiven Vertragsverletzungen von dem ganzen Vertrage zurückzutreten, sondern bestenfalls nur das Recht bestehen, Schadensersatz wegen jeder einzelnen Vertragsverletzung zu verlangen auf Grund unseres oben aufgestellten Rechtsgrundsatzes? Wäre die vertragsuntreue Aktiengesellschaft mit der Lieferung ihrer Artikel im Verzuge, so wäre das Rücktrittsrecht auf Grund des § 326 BGB. gegeben. Hier, wo es sich um eine Vertragsverletzung von mindestens gleicher Tragweite handelt, sollte es nicht gegeben sein?

Es kauft jemand zur sukzessiven Abnahme einen größeren Posten Ware, der Verkäufer verpflichtet sich, zwei Jahre hindurch solche Waren an keinen anderen Händler in dem betreffenden Bezirk zu verkaufen. Er tut es gleichwohl. Gibt es nur einen Anspruch auf Schadensersatz? Und zur weiteren Abnahme und Bezahlung der Ware wäre der Käufer trotz jener Vertragsverletzung verpflichtet, bloß weil es eine positive Vertragsverletzung ist und daher die Verzugsparagraphen nicht passen?

Der Magistrat einer Stadt hat mit einem Gasanstaltsunternehmer einen Vertrag geschlossen, wonach dieser das Gasmonopol in der Stadt hat. Er liefert aber jahrelang mangelhaftes Gas. Muß sich die Stadt trotzdem gefallen lassen, daß der Unternehmer das Gas weiter liefert, und ist sie nur auf Schadensersatz wegen mangelhafter Lieferung angewiesen unter Zugrundelegung unseres oben aufgestellten Rechtsgrundsatzes? Oder soll ihr nicht vielmehr unter Ablehnung der Annahme jeder weiteren Erfüllung das Rücktrittsrecht vom Vertrage gewährt werden? Aber worauf, wenn letzteres gewährt wird, stützt sich dieses Recht? Ich habe die Akten eines solchen Prozesses gelesen. Drei rechtsgelehrte Schiedsrichter haben ihn entschieden. Sie haben der Stadtgemeinde das Rücktrittsrecht gewährt. „Zweifelsohne“ stehe es ihr zu, denn „offenbar“ brauche sie sich derartige fortgesetzte Vertragsverletzungen nicht gefallen zu lassen, es könne ihr nicht „zugemutet“ werden, mit einem solchen Kontrahenten den ganzen Vertrag auszuhalten. Die Erwägungen sind vom menschlichen Standpunkte zutreffend, allein — mir fehlt der Rechtsgrund.

Die Beispiele können mannigfach vermehrt werden. Die obigen sind unmittelbar dem Rechtsleben entnommen. Das erste bildet den Gegenstand der reichsgerichtlichen Entscheidung vom 17. Dezember 1901 (DJZ. Bd. 7, S. 118). Die anderen Fälle sind sämtlich meiner Praxis entlehnt. In allen diesen

Fällen sagt das natürliche Rechtsgefühl: Ganz selbstverständlich muß der vertragstreue Teil das Recht haben, vom Vertrage zurückzutreten; es kann ihm nicht zugemutet werden, mitanzusehen und abzuwarten, wie der vertragsverletzende Teil ihn weiterhin fortgesetzt verletzt. Aber man wird stutzig, wenn man diese Entscheidung rechtlich begründen soll.

Sehr einfach wäre die Lösung, wenn man mit Goldmann und Lilienthal oder mit Schöller eine Unmöglichkeit der Erfüllung im Sinne des BGB. für vorliegend erachten könnte. Denn dann würde hieraus nicht bloß nach § 280 BGB. die Pflicht zum Schadensersatz wegen der einzelnen Vertragsverletzung, sondern nach § 325 BGB. auch das Recht auf Schadensersatz wegen Nichterfüllung des ganzen Vertrages oder auf Rücktritt folgen. Aber gegen diese Annahme sprechen alle die Gründe, die wir oben angeführt haben. Der Kohlenhändler, der schlechte Kohlen liefert, befindet sich vielleicht gar nicht im Zustande der Unmöglichkeit der Erfüllung, er kann vielleicht auch gute Kohlen liefern, er hat gute und schlechte Ware auf Vorrat, aber er bedient die betreffende Badeanstalt schlecht und liefert ihr aus Nachlässigkeit fortgesetzt schlechte Ware. Wie kann man da von Unmöglichkeit der Erfüllung sprechen? Höchstens kann man von „zeitweiser Unmöglichkeit" sprechen, weil er nach Ablauf des Tages, an welchem er schlechte Kohlen geliefert hat, an diesem Tage nicht mehr gute Kohlen liefern kann. Aber ich habe oben dargetan, daß diese zeitweise Unmöglichkeit unserem Gesetzgeber unbekannt ist, wie schon der Rechtsbegriff des Verzuges beweist, der ja nichts weiter wäre, als eine „zeitweise Unmöglichkeit". Oder man müßte mit Schöller annehmen, daß, wer schlechte Kohlen liefert, damit seiner Pflicht, schlechte Kohlenlieferung zu unterlassen, zuwidergehandelt und jene Unterlassung ihm daher unmöglich geworden ist. Doch haben wir oben gezeigt, wie diese gewaltsame Prokrustesauslegung in das Bett des BGB. nicht paßt.

Aber wie ist anders zu helfen? Oder ist nicht zu helfen?

Muß der Verkehr verzichten auf das Recht des Rücktritts in jenen Fällen? Ist die Rechtswissenschaft zu arm, um ein solches Recht zu begründen?

Sie ist dazu nicht zu arm. Kann sie es nicht unmittelbar aus dem Gesetz entnehmen, so kann sie es doch mittelbar mit Hilfe des Gesetzes begründen. Denn es gibt ja noch das Rechtsinstitut der Analogie. „Soweit die Rechtsprechung nicht unmittelbar ihre Entscheidungen aus den Gesetzen selbst herleiten kann, wird sie, wie im bisherigen Recht, die Analogie zu Hilfe nehmen, d. h. sie hat auf die Grundprinzipien unseres Gesetzes oder einer Mehrheit von Gesetzen oder der Gesamtheit der Gesetzgebung zurückzugehen und nach denselben nicht besonders geregelte Fälle zu entscheiden." (Worte Dernburgs im Bürgerlichen Recht, 3. Aufl. Bd. I § 30 I; vgl. RG. 24 S. 50; Kipp bei Windscheid 1 S. 22 Anm. 8.) Gelangen wir im Wege der Analogie zu einem die Bedürfnisse des Verkehrs befriedigenden Ergebnisse, so ist dies ein in den Gesetzen begründetes Ergebnis. Denn die Analogie ist vom Gesetze gestattet und gewollt.

Hier werden wir die Analogie des § 326 BGB. zu Hilfe nehmen. Wie dort, wenn der Verpflichtete schuldhaft unterläßt, was er tun soll, ein Wahlrecht zwischen Rücktritt und Schadensersatz wegen Nichterfüllung des ganzen Vertrages gegeben ist, so ist man wohl berechtigt, analog ein solches Wahlrecht auch dann zu gewähren, wenn eine Vertragspflicht durch positives Tun verletzt wird. Denn der Rechtsgedanke ist der gleiche, und auch die Verkehrsinteressen erheischen die gleiche Regelung, wie dies oben eingehend dargelegt ist. Freilich wird man dieses Recht nicht gewähren bei *jeder* positiven Rechtsverletzung, sondern nur bei solchen Pflichtverletzungen, durch welche wesentliche Vertragspflichten verletzt werden. *Wer positive Rechtsverletzungsakte vornimmt, welche die Erreichung des Vertragszweckes gefährden, muß* sich gefallen lassen, daß die Rechtsfolgen dieser Pflichtverletzungen ebenso beurteilt werden, wie die Pflichtverletzungen desjenigen, der durch sein negatives Verhalten, durch schuldhafte Verzögerung der geschuldeten Leistung, die Erreichung der Vertragszwecke gefährdet. Denn das ist der gesetzgeberische Gedanke, der dem § 326 BGB. zugrunde liegt. Er ist es, der bei teilweisem Verzuge, z. B. bei sukzessiven Lieferungsgeschäften, das Recht gewähren läßt, auch für die Zukunft die Erfüllung abzulehnen, wenn auch nur eine Rate Gegenstand des Verzuges ist.

Werden also wesentliche Vertragspflichten verletzt oder anders formuliert: begeht der eine Teil durch positive Handlungen Vertragsverletzungen, welche die Erreichung des Vertragszweckes gefährden, so entspricht es der Gerechtigkeit und den Regeln der Jurisprudenz, wenn dem vertragstreuen Teil nicht zugemutet wird, abzuwarten, bis der andere Teil durch Fortsetzung der Rechtsverletzung den Vertragszweck vollständig vereitelt, sondern wenn ihm auf Grund des rechtsverletzenden und den Vertragszweck gefährdenden Verhaltens des anderen Teils ein Recht auf Schadensersatz wegen Nichterfüllung des ganzen Vertrages oder auf Rücktritt (unter analoger Anwendung des § 326 BGB.) gewährt wird.

Freilich wird sich die Ausübung dieses Rechts nicht genau nach § 326 BGB. richten können. Es wird nur eine „entsprechende Anwendung" dieses Paragraphen möglich sein. Dort im § 326 BGB. ist regelmäßig vorausgesetzt, daß nach Eintritt des Verzuges eine Frist gesetzt und die Ablehnung der Erfüllungsannahme angedroht wird. Das wird hier regelmäßig wegfallen. Die Natur der Sache paßt darauf nicht. Denn die positive Vertragsverletzung bricht unerwartet herein, der Unterlassung kann ein Ziel und darum auch eine Frist gesetzt werden. Unter Umständen wird aber eine positive Vertragsverletzung erst dann erheblich sein, erst dann die Erreichung des Vertragszweckes gefährden, und demgemäß erst dann zur Ausübung der hier gewährten Rechte berechtigen, wenn eine Warnung, eine Aufforderung, Vertragsverletzungen dieser Art künftighin zu unterlassen, vorangegangen ist. Wird das Prinzip erst als richtig anerkannt, so wird die Anwendung im einzelnen nicht auf Schwierigkeiten stoßen.

Folgt man unseren Ausführungen, so ist dem Verkehr gedient. Jener Gastwirt, dem die Brauerei fortgesetzt schlechtes Bier liefert, kann vom Vertrage zurücktreten oder er kann auch Schadensersatz wegen Nichterfüllung des ganzen Vertrages wählen, d. h. er kann fortan die Annahme der Bierlieferungen ablehnen und Schadensersatz dafür verlangen, daß er in diese Lage gekommen ist. Wenn er also z. B. nunmehr anderweit einen Bierlieferungsvertrag unter ungünstigeren Bedingungen abschließt oder eine Zeitlang sein Lokal schließen muß, alles das muß, wenn er Schadensersatz wegen Nichterfüllung gewählt hat, die Brauerei ihm ersetzen.

Auch beim sukzessiven Lieferungsgeschäft ist, wenn unser Grundsatz gebilligt wird, ein dringendes Verkehrsbedürfnis befriedigt. Der Kaufmann, der Waren zur sukzessiven Lieferung bestellt und die ersten Posten in mangelhafter Ausführung geliefert erhält, fühlt sich wenig befriedigt, wenn ihm der Anwalt erklärt, er habe in solchem Falle nicht das Recht, vom ganzen Schlusse zurückzutreten; er müsse vielmehr den weiteren Lieferungen entgegensehen und könne nur jeden einzelnen gelieferten Posten untersuchen und rügen und zur Verfügung stellen, allenfalls, wenn unser oben gewonnener Grundsatz vom Schadensersatz bei schuldhafter Pflichtverletzung gebilligt wird, Schadensersatz wegen mangelhafter Erfüllung jeder einzelnen Rate verlangen. Ja, wenn der Lieferant mit einem einzigen Posten im Verzuge wäre, so wäre das etwas anderes. Der Verzug bei einem Teile der Lieferung berechtige zum Rücktritt vom ganzen Schlusse. Aber bei mangelhafter Lieferung gelte das nicht. Hier sage im Gegenteil der § 469 BGB., daß teilweise mangelhafte Lieferung nur zur Wandlung wegen des mangelhaften Teils berechtige. Kopfschüttelnd hört das der Kaufmann. Er hat seinerseits die Ware anderweit zu liefern. Aber er kann sie, da er die Ware als mangelhaft erkannt, seinen Kunden nicht liefern, und er kann daraufhin auch keine weiteren Abschlüsse machen. Er kommt also, soweit er schon Abschlüsse gemacht hat, in Verzug, muß sich gefallen lassen, daß man ihm gegenüber zurücktritt oder Schadensersatz wegen Nichterfüllung von ihm verlangt, während er ein solches Recht gegenüber seinem Lieferanten nicht hat, da dieser ja liefert, wenn auch mangelhaft.

Auch kann er weitere Abschlüsse auf Grund der noch ausstehenden Posten nicht machen, denn er muß gewärtigen, daß auch die künftigen Lieferungen von derselben schlechten Beschaffenheit sein werden, und er käme dann seinerseits weiter in Verzug. Wird aber unser Rechtsgrundsatz gebilligt, so liegt schuldhafte Verletzung des Vertrages vor, und diese gibt außer den ädilizischen Rechtsmitteln auch noch den Anspruch auf Einzelschadensersatz und außerdem noch in Analogie des § 326 BGB. einen Anspruch auf Schadensersatz wegen Nichterfüllung des ganzen Vertrages oder auf Rücktritt.

Einen leichten Ansatz zur Aufstellung eines solchen Rechtsgrundsatzes hatte ich bereits in Anm. 146 zu § 377 meines Kommentars zum HGB. gemacht, aber dort erst schüchtern und ohne Begründung. Ich habe dort gesagt, daß der Käufer vom sukzessiven Lieferungsgeschäfte zurücktreten kann, wenn ein Teil mangelhaft geliefert wird, der andere Teil noch aussteht, und aus den Erklärungen des Lieferanten oder aus sonstigen Umständen hervorgeht, daß auch die weiteren Lieferungen in gleicher Mangelhaftigkeit ausfallen würden. Wie gesagt, ich hatte dort diesen Satz noch nicht begründet. Jetzt halte ich meine Anmerkung im Kommentar aufrecht und liefere gewissermaßen die Begründung nach.

Mit dem § 469 BGB. tritt diese Anschauung nicht in Widerspruch. Nach diesem Paragraphen gibt die Mangelhaftigkeit eines Teiles nur das Recht zur teilweisen Wandlung. Der § 469 behandelt aber lediglich, wie alle Vorschriften über die Gewährleistung, den Fall, wo aus dem Mangel der Sache Rechte hergeleitet werden, also den reinen Fall der ädilizischen Mängel, wie dies schon im Eingange ausgeführt ist. Bei schuldhaft mangelhafter Erfüllung von Verträgen sind eben weitere Rechte zu gewähren.

Noch ein Wort über teilweise Vertragsverletzungen. Erfüllt der eine Teil zunächst vertragsmäßig, verletzt er späterhin aber den Vertrag durch rechtswidrige positive Handlungen, so greift analog der § 326, Abs. 1, Satz 3 bzw. § 325, Abs. 1, Satz 2 BGB. Platz, d. h. das Recht zum Rücktritt oder zum Schadensersatz wegen Nichterfüllung bezieht sich regelmäßig nur auf den noch nicht erfüllten Teil des Vertrages. Ausnahmsweise aber, wenn die bisherige Erfüllung allein kein Interesse für den vertragstreuen Teil hat, kann er jene Rechte auf den ganzen Vertrag erstrecken.

Der vertragstreue Teil hat hiernach bei positiven Vertragsverletzungen ein dreifaches Wahlrecht wie beim Verzuge; er kann beim Vertrage stehen bleiben und Schadensersatz wegen jeder einzelnen Vertragsverletzung fordern; er kann aber auch Schadensersatz wegen Nichterfüllung des Vertrages unter Ablehnung der Annahme jeder weiteren Vertragsleistung verlangen, er kann endlich vom Vertrage zurücktreten.

Der oberste Gerichtshof war in einem Falle in der Lage, zu dieser Frage Stellung zu nehmen. Das Reichsgericht hat aber jene Frage nicht prinzipiell gelöst, sondern jenen Rechtsstreit durch Erwägungen entschieden, welche dem konkreten Fall entnommen waren. Es handelte sich um jenen Bierlieferungsvertrag, den wir oben als erstes Beispiel erwähnten. Der Fall ist behandelt in der Entscheidung des Reichsgerichts vom 17. Dezember 1901 (DJZ., Bd. 7, S. 118) und zwar mit folgender Begründung:

> „Bei solchem Vertrage ist das Fortkommen des Wirts von der ordnungsmäßigen Lieferung abhängig und eine schlechte Lieferung schließt nicht nur für die Zeit, in der er auf sie angewiesen ist, einen erfolgreichen Wirtschaftsbetrieb aus, sondern ist auch durch die Einwirkung auf die Kundschaft dauernd zu schädigen ge-

eignet. Es hat deshalb als selbstverständlich bedungen zu gelten, daß fortgesetzt gut zu liefern und andernfalls der Rücktritt gestattet sei."

Allein diese Begründung befriedigt aus mehrfachen Gründen nicht:

Sie stützt sich auf die Auslegung des konkreten Falles, auf Erwägungen, die dem Einzelfall entnommen wurden. Sie gibt dem Rechtsleben nicht die feste Stütze, die in der Aufstellung eines allgemeinen Rechtssatzes liegt. Überdies ist es sehr weit, fast zu weitgehend und deshalb äußerst gewagt und mißlich, im Wege der Auslegung ein Recht auf Aufhebung des Vertrages als von den Parteien gewollt anzunehmen, ein Recht, an welches die Parteien nicht im entferntesten gedacht haben. Wer weiß, ob man sich hier überhaupt noch auf zulässigen Pfaden der Auslegung bewegt? Jedenfalls bewegt man sich hart am Rande der Zulässigkeit, und jedenfalls ist eine Konstruktion vorzuziehen, die wie die unserige auf einem Wege, an dessen Zulässigkeit nicht zu zweifeln ist, nämlich auf dem Wege der Analogie, zu einem festen Rechtssatze führt.

Der Weg der Willensauslegung versagt auch überall da, wo nach der Sachlage die Annahme ausgeschlossen ist, daß der beiderseitige Wille darauf gegangen ist. Man denke an die Fälle, in denen die Parteien daran gedacht haben, jenen Fall durch ausdrückliche Abrede zu regeln, wo sie über diesen Punkt verhandelt haben, sich aber über diesen Punkt nicht einigen konnten und es deshalb vorgezogen haben, diesen Punkt ungeregelt zu lassen und sich dem zu unterwerfen, was sich für diesen Fall aus dem Gesetze ergibt.

Und endlich läßt jener Ausweg auch immer dann im Stiche, wenn die Sachlage nicht die Gewährung eines Rücktritts, sondern eines Anspruchs auf Schadensersatz wegen Nichterfüllung in Anlehnung an § 326 BGB. als Anforderung der Gerechtigkeit ergibt. Beim Rücktritte müssen beide Teile alles zurückgewähren, was sie sich gegenseitig geleistet haben, und kein Teil hat den anderen zu entschädigen. Diese Konsequenz widerspricht hier ebenso häufig der Gerechtigkeit, wie im Falle des Verzuges, und doch werden selbst die eifrigsten Verfechter der Auslegungskonstruktion soweit nicht gehen, daß sie sagen werden, auch dieses Recht auf Schadensersatz wegen Nichterfüllung unter Ablehnung jeder künftigen Erfüllung ohne besondere hierfür bestehende Anhaltspunkte sei im Wege der Auslegung des Vertrages zu gewinnen.

Unsere Konstruktion ist hiernach der des Reichsgerichts vorzuziehen, weil die letztere gesucht, beinahe willkürlich ist; weil sie nicht zu einem festen Rechtssatze führt; weil sie versagt, wo nach der Sachlage die Annahme ausgeschlossen ist, daß der übereinstimmende Wille auf Gewährung eines solchen Rechts gegangen ist; und weil sie endlich darauf verzichten muß, einen Anspruch auf Schadensersatz wegen Nichterfüllung zu gewähren, auch wenn dieser der Gerechtigkeit allein entspricht, während unsere Theorie in ungesuchter Weise zu einem festen Rechtssatze gelangt, der immer zu befriedigendem Ergebnisse führt und nie versagt.

Das Reichsgericht hat ja auch sein letztes Wort noch nicht gesprochen. Wer wollte es ihm verdenken, daß es davon Abstand nahm, einen allgemeinen Rechtssatz aufzustellen, wenn es durch die Auslegung der konkreten Vereinbarung ein der Gerechtigkeit entsprechendes Ergebnis fand? Aber auf die Dauer wird die Praxis nicht umhin können, zu dem von mir aufgestellten Rechtssatze Stellung zu nehmen.

III.

Die vorstehenden Ausführungen waren enthalten in der Festschrift für den 26. Deutschen Juristentag, dargebracht von der Verlagsbuchhandlung J. Guttentag (September 1902). Inzwischen haben Wissenschaft und Rechtsprechung eingehend dazu Stellung genommen. Teilweise haben die darin niedergelegten Anschauungen bahnbrechend gewirkt und die Rechtsprechung des Reichsgerichts und der Instanzgerichte zur Nachfolge veranlaßt. Teilweise ist ihnen nachdrücklich widersprochen worden. Aber auch insoweit haben sie in hohem Maße befruchtend auf die Rechtswissenschaft eingewirkt. Bei der von keiner Seite bestrittenen Wichtigkeit der Frage erscheint es angebracht, ihre Entwickelung weiter zu verfolgen.

Was zunächst die Ausführungen zu I anlangt, so ist man allseitig darüber einig, daß der behauptete allgemeine Rechtsgrundsatz besteht, wonach derjenige, der seine Vertragspflicht schuldhaft verletzt, dem anderen Teil zum Schadensersatz verpflichtet ist. (Ähnlich die Formulierung Brechts in IheringsI., Bd. 53, S. 246.) Nur über die Begründung herrscht hier Streit. Doch ist der Streit darum nicht gegenstandslos. Es kann unter Umständen von großer Wichtigkeit werden, in welcher Weise ein an sich anerkannter Rechtssatz begründet wird.

Eigentümlicherweise hat inzwischen diejenige Begründung, der Staub von vornherein jede Berechtigung abgesprochen hatte, die gewichtigsten Anhänger gefunden; auch das Reichsgericht hat sie angenommen. Wie oben zu I dargelegt, hat Crome jenen allgemeinen Rechtssatz, daß die schuldhafte Verletzung von Vertragspflichten zum Schadensersatz verpflichtet, einfach aus § 276 BGB. hergeleitet, nach welchem der Schuldner Vorsatz und Fahrlässigkeit zu vertreten habe. Dem ist das Reichsgericht (Entsch. Bd. 52, S. 18; Bd. 53, S. 202; Bd. 62, S. 120; Bd. 65, S. 19; Bd. 66, S. 291; Bd. 68, S. 192; IW. 09, S. 358; 12, S. 743) und die Praxis der Instanzgerichte (vgl. PosMSchr. 04, S. 159; SächsArch., Bd. 14, S 226; BadRpr. 04, S. 38) beigetreten, ebenso Dernburg in der DIZ. 03, S. 2; Düringer-Hachenburg, Komm. z. HGB., 2. Aufl., Bd. 2, S. 265; Leonhard bei Eck, Bd. 1, S. 281, Anm. 2; Krückmann, Anfechtung, Wandlung und Schadensersatz beim Viehkauf, S. 110ff., in der DIZ. 05, S. 205; im ArchZivPrax., Bd. 101, S. 190ff. und in IheringsI., Bd. 59, S. 311ff.; Klein in SeuffBl.,

Bd. 10, S. 318; Schulze im ArchBürgR., Bd. 30; S. 145; anscheinend auch Oertmann, Recht der Schuldverhältnisse, 3./4. Aufl., § 276, Anm. 5.

Der Streit dreht sich hier darum, welche Bedeutung der Gesetzesvorschrift zukommt, daß der Schuldner Vorsatz und Fahrlässigkeit zü „vertreten" habe. Staub hatte erklärt, daß der Paragraph lediglich besage, was der Begriff „vertreten" bedeute, also nur eine Definition enthalte. Dem wird entgegengehalten, daß das Gesetz doch nicht eine Verantwortlichkeit normieren, aber ihr keinen Inhalt verleihen wird. (Düringer-Hachenburg, 2. Aufl., Bd. 2, S. 265, auch RG., Bd. 52, S. 19.) Der Gedankengang dieser Entgegnung ist offenbar der: Ein solches Vorgehen des Gesetzgebers wäre ein so arger Verstoß gegen die Gesetzestechnik, daß man ihn den Verfassern des BGB. nicht imputieren kann; deshalb muß in jenen Paragraphen etwas hineingelegt werden, wovon kein Wort in dem Paragraphen steht, nämlich der Satz: Vorsatz und Fahrlässigkeit verpflichten zum Schadensersatz. Diese Folgerung ist am schärfsten von Krückmann in IheringsJ., Bd. 59, S. 352, 353 gezogen und zum Ausdruck gebracht worden, wenn er zugibt, daß § 276 nach Absicht der Gesetzesredaktoren vom 1. Januar 1900 nicht das enthielt, was das RG. darin gefunden hat, daß aber „inzwischen durch die Praxis und die im Ergebnis beipflichtende Theorie § 276 umgedeutet worden ist und einen anderen Inhalt erhalten hat, nämlich den, den das RG. in ihn hineingelegt hat".

Dieser Satz Krückmanns beweist genugsam, daß die auch von ihm vertretene Auslegung des § 276 mit dem Wortlaut und System des Gesetzes, auf die jede Auslegung zurückgehen muß, nicht in Einklang zu bringen ist. Einmal spricht schon allein der Grund dagegen, daß damit etwas in den Paragraphen hineingelegt wird, wovon in dem Paragraphen nichts steht. Der Gesetzgeber, der so oft von der Pflicht zum Schadensersatz spricht, hätte auch hier, wenn er die Pflicht zum Schadensersatze statuieren wollte, dies gesagt.

Sodann wird damit in den Paragraphen nicht bloß etwas hineingelegt, wovon in dem Paragraphen nichts steht, sondern was auch keineswegs begriffsnotwendig aus seinen Worten folgt. So hat z. B. in den §§ 459—462 BGB. der Begriff „vertreten" eine ganz andere Rechtsfolge, nicht die der Schadensersatzpflicht.

Der der Staubschen Ausführung aber gemachte Vorwurf, daß nach ihr der Gesetzgeber im § 276 eine Verantwortlichkeit normieren, ihr aber keinen Inhalt verleihen würde, trifft keineswegs zu. Das Gesetz ist weit entfernt, eine Verantwortlichkeit zu normieren, ohne ihr einen Inhalt zu verleihen, nur daß es nicht beides in einer und derselben Gesetzesstelle tut. Das Gesetz gebraucht den Begriff „vertreten" in seinen verschiedenen Vorschriften so oft, daß es notwendigerweise eine allgemeine Vorschrift geben mußte, was es unter dem Begriff vertreten versteht. (Ebenso zustimmend Rogowski im ArchZivPrax., Bd. 104, S. 319, Anm. 28; Golde in ThürBl., Bd. 53, S. 21ff.; Siber in JheringsJ., Bd. 50, S. 195ff.; v. Blume in JheringsJ., Bd. 55, S. 232.) Diese allgemeine Vorschrift ist im § 276 enthalten und nicht bloß im § 276, sondern auch im § 279, wo sogar eine Vertretungspflicht ohne Vorsatz und ohne Fahrlässigkeit statuiert ist. Aber unmittelbar an die §§ 276 und 279, in welchen gesagt ist, was das Gesetz unter Vertretungspflicht verstanden wissen will, schließt sich die erste derjenigen Vorschriften an, in denen das Gesetz den Inhalt der Vertretungspflicht, die Rechtsfolgen der Verantwortlichkeit normiert. In § 280 sagt es nämlich, daß der Schuldner, der die Unmöglichkeit der Leistung zu vertreten hat, schadensersatzpflichtig ist. Die zweite dieser Vorschriften ist enthalten in den benachbarten §§ 285 und 286 BGB., wonach der Schuldner dem Gläubiger schadensersatzpflichtig wird, wenn er die ihm obliegende Leistung infolge eines Umstandes, den er zu vertreten hat, unterläßt. Diese beiden Vorschriften wären überflüssig, jede von ihnen enthielte eine Tautologie, wenn es wahr wäre, daß Vertretungspflicht und Schadensersatzpflicht identisch sind. Denn dann würde sich die Schadensersatzpflicht schon aus § 276 ergeben. Darauf weist im Einklange mit dem hier eingenommenen Standpunkt auch Lehmann (im ArchZivPrax., Bd. 96, S. 82) hin. In solcher Tautologie läge ein arger Verstoß gegen die Regeln der Gesetzestechnik, während sich nach der hier vertretenen Auffassung jene speziellen Schadensersatznormierungen keineswegs als überflüssig erweisen. Leonhard (bei Eck, S. 286) gibt denn auch zu, daß diese beiden Vorschriften nach dieser Theorie überflüssig sind. Aber er tröstet sich mit dem Spruche: „Doppelt hält besser.“ Ähnlich (vgl. Kipp, DJZ. 03, S. 253ff.) steht es mit der Vorschrift des § 480 BGB., der bei arglistigem Verschweigen von Mängeln eine Schadensersatzpflicht statuiert. Auch hier hilft Krückmann (im ArchZivPrax., Bd. 101, S. 196) sich damit, daß er diese Sonderbestimmung für eine rein versehentliche Wiederholung des im § 276 allgemein ausgesprochenen Grundsatzes erklärt. Es ist nun nicht abzustreiten, daß es keinen Satz gibt, der mehr den Regeln moderner Gesetzestechnik und besonders derjenigen widerspricht, welche die Schöpfer des BGB. befolgt haben. Man ist den Verfassern des BGB. weder eine bewußte noch eine unbewußte Anwendung eines solchen Rezeptes und einer solchen Technik zu imputieren berechtigt.

Und noch in anderer Hinsicht kommt diese Theorie mit gesetzlichen Bestimmungen in Konflikt. Sie meint, vertreten sei identisch mit schadensersatzpflichtig sein, wenigstens dort, wo der Gesetzgeber eine andere Folge der Vertretungspflicht nicht festsetze. Wäre dies richtig, so wäre gerade bei der mangelhaften Erfüllung des Kaufvertrages, also gerade in dem Falle, für den das RG. in den oben erwähnten Erkenntnissen die Schadensersatzpflicht annimmt, dieselbe ausgeschlossen. Denn der § 462 BGB. bestimmt, daß wegen eines Mangels, den der Verkäufer zu vertreten hat, der Käufer Wandlung und Minderung verlangen kann. Es wird hier also als Rechtsfolge der Vertretungspflicht etwas anderes als die Schadensersatzpflicht vom Gesetz festgelegt. Und noch weiter: das RG.

liest aus § 276 BGB. heraus, daß beim Gattungskauf der Verkäufer für schuldhafte Erfüllung des Kaufvertrages Schadensersatz zu leisten habe, weil Vertretungspflicht und Schadensersatzpflicht identisch seien. Allein wenn Vertretungspflicht und Schadensersatzpflicht wirklich identisch wären, so würde bei Gattungskäufen auch bei nicht schuldhafter mangelhafter Erfüllung Schadensersatz geleistet werden müssen, da ja nach § 279 BGB. bei Gattungsschulden das subjektive Leistungsunvermögen auch dann zu vertreten ist, wenn es nicht verschuldet ist. Das RG. zieht diese Konsequenz nicht und will sie zweifellos nicht ziehen. Allenthalben wird nur bei schuldhafter Erfüllung des Kaufvertrages und sonstiger Verträge die Schadensersatzpflicht angenommen. Diese Ansicht aber findet nur darin ihre zutreffende Begründung, daß der § 276 und der § 279 überhaupt nicht von den Rechtsfolgen der Vertretungspflicht sprechen; daß vielmehr eine allgemeine Rechtsfolge der schuldhaften Verletzung von Vertragspflicht überhaupt nicht mit direkten Worten im BGB. ausgesprochen ist.

Da sich dies nicht verkennen ließ, glaubten einzelne diesen Satz aus einer analogen Anwendung des § 276 entnehmen zu können. (So Staudinger, BGB., 5./6. Aufl., § 276, Anm. III; Enneccerus-Kipp-Wolff, Lehrbuch, 2. Aufl., Bd. I, 2, S. 135.) Diese Deduktion muß aber, wie die unmittelbare Anwendung des § 276, daran scheitern, daß diesem Paragraphen eine weitergehende Bedeutung zuerkannt wird, als dies nach dem Wortlaut und dem System des Gesetzes möglich ist. Stellt man sich auf den hier vertretenen Standpunkt, daß der § 276 lediglich feststellt, welche Tatsachen der Schuldner zu vertreten hat, so fehlt jede Möglichkeit zu seiner analogen Anwendung. Denn es ist nicht einzusehen, für welchen höheren Rechtsgedanken § 276 eine Spezialbestimmung abgeben soll, wenn man in ihm nur eine Definition sieht.

Anders steht es dagegen mit der analogen Anwendung von anderweiten Gesetzesbestimmungen, insoweit diese auf Grund eines bestimmten Tatbestandes eine Schadensersatzpflicht statuieren. Unter diese fällt insbesondere wie oben zu I ausgeführt, der Rechtssatz des § 286 BGB., wonach der in Verzug geratene Schuldner Schadensersatz zu leisten hat. Bei dieser Begründung, der auch Siber in IheringsI., Bd. 50, S. 192ff. und mit einigen Abschwächungen Brecht in IheringsI., Bd. 53, S. 263ff. folgt, kommt man auch mit § 462 BGB. nicht in Konflikt. Der Konflikt wird vielmehr vermieden durch den Hinweis darauf, daß dieser Paragraph lediglich die Folgen des objektiven Vorhandenseins der Mängel, nicht die Folgen der schuldhaften Verletzung des Kaufvertrages im Auge hat. Nach § 462 hat eben der Verkäufer auch das bloße objektive Vorhandensein gewisser Mängel zu vertreten, und zwar mit den im § 462 vorgesehenen Rechtsfolgen der Wandlung und Minderung. Nichts zu tun aber hat dieser Paragraph mit der aus dem allgemeinen Rechtsgrundsatze hervorgehenden Pflicht, bei schuldhaft mangelhafter Erfüllung des Kaufvertrages Schadensersatz zu leisten.

Es kann auch nicht entgegengehalten werden, daß die Analogie des § 286 BGB. ja dazu führen müsse, daß auch unverschuldete Verletzung der Verträge unter Umständen zum Schadensersatze verpflichte; denn der § 286 setze ja nur Verzug, also vertretbare Unterlassung voraus, und die Vertretungspflicht bestehe ja nach § 279 unter Umständen auch ohne Verschulden. Allein vor dieser Konsequenz schützt gerade der Umstand, daß es sich um eine Analogie handelt, nicht um eine unmittelbare Anwendung des § 286. Nur der einer Gesetzesvorschrift zugrunde liegende Grundgedanke ist es, der den Inhalt und die Grundlage der Analogie bildet. Der Grundgedanke des § 286 BGB. ist aber zweifellos, daß schuldhafte Unterlassung der Rechtspflicht zum Schadensersatze verpflichtet. Die analoge Übertragung dieses Grundgedankens auf positive Vertragsverletzungen ergibt den Grundsatz, daß schuldhafte positive Verletzung von Vertragspflichten ebenfalls zum Schadensersatze verpflichtet. Daß der Verzug infolge des Ineinandergreifens der §§ 286, 285 und 279 unter Umständen auch beim Fehlen von Verschulden zum Schadensersatz verpflichtet, ist eine Ausnahme, die eben deshalb, weil es eine Ausnahme ist, auf den durch Analogie aus § 286 gewonnenen Rechtsgrundsatz nicht übertragbar ist.

Daran, daß nur eine analoge Anwendung des § 286 in Betracht kommt, scheitert auch ein Einwand, der von Oertmann (Recht der Schuldverhältnisse, § 276, Anm. 5), Lehmann (ArchZivPrax., Bd. 96, S. 81) und Kipp (DJZ. 03, S. 254) geltend gemacht worden ist, wenn sie darauf hinweisen, daß die bei einer positiven Vertragsverletzung in Frage kommenden Schäden keineswegs Verzugsfolgen seien; denn wenn gar nichts geleistet worden wäre, so wäre zwar Verzug eingetreten, aber nicht der positive Erfüllungsschade. Das ist allerdings richtig, beweist aber nichts gegen den hier vertretenen Standpunkt. Denn nach diesem ist der Schaden, der dadurch entsteht, daß jemand tut, was er unterlassen soll, oder die Leistung, die er zu bewirken hat, fehlerhaft bewirkt, nicht deshalb zu ersetzen, weil hierdurch Verzugsfolgen hervorgerufen werden; ein solcher Schluß wäre nur möglich, wenn § 286 unmittelbar zur Anwendung käme. Der Schadensersatzanspruch geht vielmehr auf den dem § 286 zugrunde liegenden Rechtsgrundsatz zurück, daß, wer eine Verbindlichkeit schuldhaft verletzt, den dadurch entstehenden Schaden zu ersetzen hat. Dies erkennt Oertmann weiterhin auch selbst an, indem er das Vorhandensein dieses Prinzips, das im § 286 zum Ausdruck komme, zugibt.

Nicht im Widerspruch mit den bisherigen Ausführungen und durchaus beachtenswert ist die Ansicht v. Blumes (in IheringsJ., Bd. 55, S. 234), daß neben dem § 286 auch noch andere Bestimmungen des BGB. zur Begründung der Analogie herangezogen werden können; er verweist insbesondere auf § 548 in Verbindung mit §§ 276, 550 Abs. 1, § 603 in Verbindung mit §§ 276, 606. Ähnlich ist der Standpunkt Lehmanns (im ArchZivPrax., Bd. 96, S. 84ff.), wenn dieser auch zu Unrecht die Bedeutung des § 286 verkennt.

Die Analogie zu § 286 ist nur eben, wie zu I dargelegt,

besonders naheliegend. Zu demselben Ergebnis kommt Doerr (im Recht 08, S. 207ff.), der den nach seiner Meinung aus §§ 160, 163 BGB. folgenden Grundsatz aufstellt, daß ein Gläubiger dann vom Schuldner Schadensersatz verlangen kann, wenn dieser die Forderung vereitelt oder beeinträchtigt, und der weiter darlegt: die schuldhafte Vereitelung eines Forderungsrechts sei vom Gesetz unter der Bezeichnung „Unmöglichkeit" geregelt, von den schuldhaften Beeinträchtigungen normiere das Gesetz dagegen ausdrücklich nur den Verzug als die Beeinträchtigung einer speziell fälligen Forderung; demgemäß seien die übrigen Beeinträchtigungen, die alle positiven Vertragsverletzungen umfaßten, nach Analogie des Verzugsrechts zu behandeln.

Es fragt sich nur noch, ob die oben zu I unterschiedenen, aber rechtlich gleichgestellten Fälle, nämlich, daß jemand etwas, was er tun soll, schlecht tut, und daß jemand etwas, was er unterlassen soll, doch tut, wirklich gleichzustellen sind. Dies wird vielfach geleugnet (so von Rogowski im ArchZivPrax., Bd. 104, S. 327ff.), indem insbesondere so argumentiert wird, daß der Schuldner, der die Handlung, die er unterlassen soll, doch begeht, damit die Erfüllung seiner Verbindlichkeit ganz oder zum Teil unmöglich macht, je nachdem nämlich sich die Verpflichtung zur Unterlassung auf einen Fall oder auf mehrere erstreckt. Hier taucht also die Unmöglichkeitstheorie wieder auf. Indessen muß bei der Frage, ob die Vertragsleistung unmöglich ist, die Situation ins Auge gefaßt werden, wie sie in dem Zeitpunkte besteht, wo die Frage der Pflichterfüllung an den Verpflichteten herantritt, also die Zeit vor der Pflichtverletzung. Der Reisende, der sich verpflichtet hat, einen Artikel nicht unter 5 M. pro Dutzend zu verkaufen, steht in Unterhandlung mit einem Kunden. Jetzt tritt die Versuchung an ihn heran. Er könnte das Geschäft machen, wenn er unter 5 M. verkauft. Er weiß, daß er eine Pflichtverletzung begeht, wenn er unter 5 M. verkauft; es ist ihm sehr wohl möglich, seine Vertragspflicht zu erfüllen, er braucht nur die Geschäftsräume des Kunden zu verlassen. Wenn er dennoch unter 5 M. verkauft, so hat er eine positive Vertragsverletzung schuldhaft begangen, und er haftet deshalb auf Schadensersatz. Aber man kann nicht sagen, es liege Unmöglichkeit der Erfüllung auf seiner Seite vor. Unmöglich ist ihm freilich, die geschehene Pflichtverletzung ungeschehen zu machen. Genau so liegt der Fall, wenn jemand, dem es durch ein Konkurrenzverbot untersagt ist, Waren nach einem bestimmten Bezirke zu liefern, dies trotzdem tut. Die Verpflichtung des Schuldners bestand auch hier darin, nicht in diesen Bezirk zu liefern; der Gläubiger gründet daher seinen Schadensersatzanspruch darauf, daß der Schuldner seine Verpflichtung nicht erfüllt hat, nicht aber darauf, daß er die Erfüllung durch Nichtleistung unmöglich gemacht hat Diesem Standpunkt ist auch Krückmann (IhringsJ., Bd. 59, S. 344ff.) in recht beachtlichen Ausführungen beigetreten, in denen er besonders die gegenteilige Ansicht von Zitelmann (Festgabe der Bonner juristischen Fakultät für Paul Krüger, S. 270) und Lehmann (Die Unterlassungspflicht, S. 243, und schon früher im ArchZivPrax., Bd. 96, S. 73ff.) bekämpft.

Abwegig ist es ferner, die Fälle, in denen jemand seine Verpflichtung, etwas zu unterlassen, nicht erfüllt, direkt nach der Bestimmung des § 286 zu beurteilen, weil auch Verzug bei Unterlassungen möglich sei. (So insbesondere Golde im ArchZivPrax., Bd. 99, S. 306ff.; Rogowski im ArchZivPrax., Bd. 104, S. 304ff.; Makower, Handelsgesetzbuch, 13. Aufl., S. 1175; Zitelmann in der Festgabe für Krüger, S. 270.) Diese Ansicht scheitert ohne weiteres am Gesetzestext. Um nur ein Beispiel herauszugreifen, wie sollte die im § 284 vorgeschriebene, zum Verzuge erforderliche Mahnung etwa bei einer einmaligen Unterlassungspflicht erfolgen? Lehmann (Unterlassungspflicht, S. 262ff.), der selbst für die Anwendbarkeit des Verzuges auf Unterlassungsobligationen eintritt, muß daher auch zugeben, daß der Wortlaut des Gesetzes nirgends schlechter auf negative Leistungen passe wie hier. Besser und richtiger sagt man noch, daß der Wortlaut überhaupt hierfür nicht paßt.

Die herrschende Meinung teilt daher auch diese Auffassung. (Vgl. Dernburg, Das Bürgerliche Recht, Bd. II, 1, S. 21; Planck BGB., 3. Aufl., § 284 Anm. 9; Wendt im ArchZivPrax., Bd. 92, S. 68; Krückmann im ArchZivPrax., Bd. 101, S. 225ff.; in IhringsJ.. Bd. 59, S. 348; siehe auch die Literaturzusammenstellung bei Lehmann, Unterlassungspflicht S. 262).

Abgesehen von dem erwähnten einen Fall, wo gegen eine die Hauptverpflichtung bildende Unterlassungspflicht verstoßen wird, wird die Theorie, wonach die schuldhafte Verletzung einer Vertragspflicht sich als Unmöglichkeit der Erfüllung charakterisieren soll, wohl kaum noch viel Anhänger finden. Ihr steht schon das Bedenken entgegen, daß, wenn sie richtig wäre, der § 286 überflüssig wäre (ebenso Siber in IheringsJ., Bd. 50, S. 95). Denn dann wäre ja der Verzug eine „zeitliche Unmöglichkeit". Was ich gestern leisten sollte und gestern nicht geleistet habe, das kann ich unmöglich noch gestern leisten. Es läge auch hier ein arger Verstoß gegen die einfachsten Regeln der Gesetzestechnik vor, den man, wie gesagt, den Schöpfern des BGB. nicht vorwerfen darf.

Auch mit den natürlichen Begriffen und Anschauungen des Volkes setzt sich diese Theorie in Widerspruch. Mit Recht sagen Düringer-Hachenburg (HGB., 2. Aufl., Bd. 2, S. 169): Niemals würde der kaufmännische Prinzipal das Urteil verstehen, in welchem ausgeführt ist, der Handlungsgehilfe, den er wegen oberflächlicher Buchführung schadensersatzpflichtig macht, „habe sich in einer vertretbaren Unmöglichkeit befunden, die Bücher richtig zu führen". Richtig ist daher, wenn Staudinger, Bd. II, 1 S. 140, schreibt, daß diese Konstruktion geradezu als eine der merkwürdigsten Abnormitäten scholastischer Denkweise registriert zu werden verdient. (Ebenso in der Beurteilung Krückmann im ArchZivPrax., Bd. 101, S. 220ff.; in IheringsJ., Bd. 59, S. 345; Brecht in IheringsJ., Bd. 53, S. 224.) Und der Widerspruch einer juristischen Konstruktion mit den natürlichen Anschauungen hat meist einen tieferen Grund. Fast immer ist dies ein Zeichen dafür, daß die Konstruktion auch juristisch und logisch nicht stimmt. Und so ist dies auch hier. In der Tat liegt der Theorie von der Unmöglichkeit der Erfüllung ein schwerer Irrtum zugrunde, der bereits oben berührt wurde. Befindet sich denn der Sozius, der aus Nachlässigkeit eine falsche Bilanz aufstellt, in dem Zustande der Unmöglichkeit der Erfüllung? Keineswegs. Es war ihm durchaus möglich, die richtige Bilanz aufzustellen, er hat trotzdem keine richtige Bilanz aufgestellt, obwohl ihm die Erfüllung dieser Pflicht möglich war. Unmöglich ist ihm etwas ganz anderes. Unmöglich ist es ihm, nachdem er seine Pflicht verletzt hat, die begangene Pflichtverletzung ungeschehen zu machen. Allein nach § 280 BGB., den die Vertreter der Unmöglichkeitstheorie hier anwenden wollen, liegt eine Verpflichtung zum Schadensersatz nur dann vor, wenn diejenige Leistung nachträglich unmöglich wird, welche den Gegenstand des Vertrages bildet. Diese Verpflichtung war hier die Pflicht zur Aufstellung einer richtigen Bilanz, und die Erfüllung dieser Pflicht war dem Sozius möglich. Das aber, was ihm unmöglich ist, nämlich das Ungeschehenmachen der begangenen Pflichtverletzung, ist nicht Gegenstand des Vertrages. Eine Verpflichtung hierzu kann auch gar nicht Gegenstand des Vertrages sein. Denn Geschehenes ungeschehen zu machen, ist nach den Naturgesetzen unmöglich, und wäre die Verpflichtung, das Geschehene ungeschehen zu machen, Gegenstand eines Vertrages, so wäre ein solcher Vertrag von vornherein nichtig. Denn ein Vertrag, der auf eine unmögliche Leistung gerichtet ist, ist nichtig (§ 306 BGB.).

Nicht selten versucht man, der hier vertretenen Theorie endlich damit zu begegnen, daß ja der § 823 BGB. ausreichenden Schutz gewähre. Auch Kipp, (DJZ. 03, S. 256) Düringer-Hachenburg (2. Aufl., Bd. 3, S. 202), Rogowski (im ArchZivPrax., Bd. 104, S. 330, 331) weisen darauf hin. Aber dieser Hinweis ist verfehlt. Denn für bloß fahrlässige Pflichtverletzungen würde der Schutz des § 823 meist versagen, da der Schutz des § 823 nur dort Platz greift, wo ein wirkliches Recht verletzt ist, während eine allgemeine Schadensersatzpflicht auf Grund bloß fahrlässigen Handelns nicht besteht (EntschRG., Bd. 51, S. 93, Bd. 58, S. 28, Bd. 59, S. 51, Bd. 62, S. 317; siehe ferner Staudinger, Kommentar § 823, Anm. II A 2 ee.). Auch der § 823 Abs. 2 kann nicht zur Unterstützung herbeigezogen werden; denn wenn es auch zutrifft, daß zivilrechtliche Normen, also auch Paragraphen des BGB. als Schutzgesetze angesprochen werden können, so bemerkt Lehmann (ArchZivPrax., Bd. 96, S. 78) doch mit Recht, daß dies nicht dazu führen darf, schon die Normen, die erst ein subjektives Recht statuieren, hierhin zu rechnen, da sonst der Abs. 1 überhaupt keinen selbständigen Inhalt habe.

Überdies würde dieser Ausweg in den meisten Fällen schon deshalb versagen, weil man ja auf Grund unerlaubten Handelns für die Versehen seiner Gehilfen nicht ohne weiteres haftet. Der § 278 BGB. greift ja nur Platz, wenn in Erfüllung einer bestehenden Verbindlichkeit eine Fahrlässigkeit begangen wird. Bei der außerkontraktlichen Schadensersatzpflicht greift § 831 BGB. Platz, in dessen Anwendung sich die Gegenpartei damit entschuldigen kann, daß sie bei der Wahl ihrer Gehilfen kein Verschulden trifft. Man nehme z. B. den Fall, den das RG. in der DJZ., Bd. 7, S. 435, entschieden hat. Dort hatte sich der Kläger beim Baden in einem heißen Dampfbade den Rücken verbrannt. Schuld war ein Badediener. Nach der hier vertretenen Theorie liegt schuldhafte Verletzung einer Vertragspflicht vor, infolge deren gemäß § 278 der Inhaber der Badeanstalt ohne weiteres für den entstandenen Schaden haftet. Kipp dagegen muß den Einwand zulassen, daß der Badediener sonst sorgsam seine Dienste verrichtet habe.

Auf dem Gebiete des Handelsverkehrs, wo die Lieferungen aus großen Fabriken und Geschäften selbstverständlich nicht sämtlich vom Geschäftsinhaber persönlich hergestellt und expediert werden können, würde diese Haftung so gut wie gänzlich fortfallen, weil ja der Verpflichtete sich wohl immer damit entschuldigen könnte, daß er seine Erfüllungsgehilfen sorgfältig ausgewählt habe.

Zuzugeben ist lediglich, daß der § 823 Abs. 1 in einer beschränkten Anzahl von Fällen als Ersatz dienen könnte. (Ebenso Lehmann im ArchZivPrax., Bd. 96, S. 79). Ein Allheilmittel ist er jedenfalls nicht.

Nach alledem ist die hier gegebene, aus der Analogie des § 286 BGB. hergeleitete Begründung des Satzes, daß schuldhafte Verletzung einer Vertragspflicht zum Schadensersatz verpflichtet, allen anderen Begründungen vorzuziehen.

Da somit der Satz seine ausreichende Begründung im positiven Gesetze findet, so kann keine Rede davon sein, daß insoweit eine Lücke im Gesetz vorliegt, deren Beseitigung nicht im Wege der Konstruktion, sondern allein durch freie Lückenausfüllung möglich ist, wie Kiß meint (ArchBürgR., Bd. 31, S. 175ff.; auch Grünhuts Zeitschr. Bd. 32, S. 178ff.). Solange eine Begründung im Wege der Analogie möglich ist, verbietet sich eine solche Gesetzesergänzung von selbst.

IV.

Wie oben zu II dargelegt, reicht der Grundsatz, daß die schuldhafte Verletzung von Vertragspflichten zum Schadensersatz verpflichtet, bei zweiseitigen Verträgen für den Rechtsverkehr nicht aus. Der Rechtsverkehr verlangt gebieterisch, daß, wenn ein zweiseitiger Vertrag dadurch schuldhaft verletzt wird, daß der eine Teil tut, was er nicht tun darf, der andere Teil nicht bloß das Recht zum Ersatz desjenigen Schadens hat, der ihm aus der einzelnen Pflichtverletzung erwächst (sogenannter Einzelschadensersatz), sondern daß ihm außerdem nach seiner Wahl das Recht gewährt werden muß, vom ganzen Vertrage zurückzutreten oder Schadensersatz wegen Nichterfüllung des ganzen Vertrages (sogenannter Totalschadensersatz) zu verlangen. Oben zu II ist dargetan worden, daß dieses Recht aus der Analogie des § 326 BGB. zu begründen und hiernach dann gegeben ist, wenn der eine Teil durch positive Vertragsverletzung die Erreichung des Vertragszweckes gefährdet.

Staub hatte bei Lebzeiten noch die begreifliche hohe Genugtuung, daß das Reichsgericht diese Ausführungen billigte, zunächst in der Entsch. Bd. 54, S. 98. Hier lag der Sachverhalt so, daß die Klägerin der Beklagten Kies zu einem Tunnelbau zu liefern hatte und dasjenige Quantum bezahlt erhielt, das durch Ausmessung des fertiggestellten Betonmauerwerks nachgewiesen wurde; diese Zahlungsart hatte naturgemäß zur Voraussetzung, daß die Beklagte den Kies nicht zu anderen Zwecken benutzte. Mit Recht sah daher das Reichsgericht darin, daß die Beklagte dies trotz mehrfacher Verwarnungen doch tat, eine positive Vertragsverletzung, deren Rechtsfolgen analog den Vorschriften des § 326 BGB. zu beurteilen seien. Es spricht dabei (S. 102) die Worte aus: „Der § 326 beruht . . . auf der gesetzgeberischen Erwägung, daß das schuldhafte Unterlassen der Vertragserfüllung bei gegenseitigen Verträgen dem anderen Teile die dort ausgesprochenen, über den bloßen Schadensersatz wegen der Verzögerung hinausgehenden Rechte gewähre. Es liegt sonach dieser Vorschrift in Anlehnung an die funktionelle Abhängigkeit von Leistung und Gegenleistung bei gegenseitigen Verträgen der gesetzgeberische Gedanke zugrunde, daß dieses schuldhafte Unterlassen des einen Teils wegen der darin liegenden Gefährdung des Vertragszweckes den anderen Teil berechtige, im Interesse der Verkehrssicherheit eine alsbald klare Rechtslage dadurch zu schaffen, daß er unter Ablehnung der Annahme künftiger Leistung vom Vertrage zurücktrete oder Schadensersatz wegen Nichterfüllung des ganzen Vertrages verlange. Die gleichen Gesichtspunkte treffen aber auch zu, wenn durch schuldhafte positive Rechtsverletzungsakte des einen Teils die Erreichung des Vertragszweckes gefährdet wird.“

Dieser grundlegenden Entscheidung ist das Reichsgericht in ständiger Praxis (Bd. 57, S. 114ff.; Bd. 63, S. 297f.; Bd. 67, S. 5ff.; JW. 06, S. 299ff.; 07, S. 706; 08, S. 326; Gruch. Beitr. Bd. 54, S. 911; Leipz. Zeitschr. 08, S. 778, Ziff. 24; 09, S. 476, Ziff. 3; S. 682, Ziff. 4; S. 783, Ziff. 3; Das Recht 09, Ziff. 1279) und ebenso auch die Rechtsprechung der Instanzgerichte gefolgt, so daß man wohl sagen kann, daß die Hoffnung Staubs, dieser Standpunkt würde in Zukunft die Praxis beherrschen, in Erfüllung gegangen ist.

Der Grundgedanke, daß eine positive Vertragsverletzung dann die analoge Anwendung des § 326 rechtfertigt, wenn dadurch der Vertragszweck ernstlich gefährdet werde, ist folgerichtig weiter ausgebildet worden.

Mit Recht sagt das Reichsgericht in der oben erwähnten Entscheidung im 54. Bande, daß die analoge Anwendung des § 326 hauptsächlich bei auf längere Dauer berechneten Verträgen, bei Lieferungsgeschäften und Verträgen ähnlicher Art in Betracht kommen würde. Hauptsächlich, aber nicht ausschließlich. Denn die Möglichkeit der Anwendung besteht selbst dann, wenn es sich auch nur um die Verpflichtung zu zwei Leistungen handelt, die erste Leistung aber bereits derartig mangelhaft bewirkt wird, daß dem anderen Teil nach Lage der Sache nicht noch zugemutet werden kann, auch noch den Erfolg bei der zweiten Leistung abzuwarten. Wenn jemand daher einem Baumeister die Aufführung zweier großer und kostspieliger Wohngebäude in Auftrag gibt, das zuerst fertiggestellte aber bereits derartig mangelhaft hergestellt wird, daß die große Gefahr besteht, auch der zweite Bau werde fehlerhaft ausfallen, so kann dem Bauherrn nicht zugemutet werden, sich diesem bedenklichen Risiko vermutlich nutzloser Aufwendungen auszusetzen und den zweiten Bau durch denselben Baumeister ausführen zu lassen; er ist vielmehr berechtigt, nach Analogie des § 326 ohne weiteres wegen Gefährdung des Vertragszwecks zurückzutreten. Diesen Fall hat das Reichsgericht (Entsch. Bd. 67, S. 5ff.) zur Illustrierung seiner Meinung herangezogen, daß auch eine einmalige Vertragsverletzung unter Umständen den Schluß auf künftige mangelhafte Leistungen gestatte. Demgemäß hat es in dieser Entscheidung unter Reprobierung des Urteils des Berufungsgerichts ausgesprochen, daß der Beklagte, der vom Kläger die maschinelle Einrichtung einer Brikettfabrik geliefert erhalten hatte und nach den getroffenen Vereinbarungen noch verpflichtet war, mindestens zwei Brikettpressen von diesem zu beziehen, berechtigt sein könne, vom Vertrage zurückzutreten, wenn die erste und Hauptleistung allzu mangelhaft ausgefallen sei.

Hieraus ergibt sich einmal, daß die Lehre von den positiven Vertragsverletzungen nicht bloß auf Dauerverträge beschränkt ist, und ferner, daß schon eine einmalige Vertragsverletzung die analoge Anwendung des § 326 rechtfertigen kann.

Diesem Standpunkt ist das Reichsgericht auch in der Folge treu geblieben (vgl. Gruchot, Bd. 54, S. 911), sodaß gegenteilige Auffassungen der Praxis (vgl. OLG. Kiel in Schl.-Holst.-Anz. 06, S. 261) sich kaum weiter halten werden.

Nur eine Ausnahme weist die Judikatur des Reichsgerichts in einer Bd. 63, S. 100 abgedruckten Entscheidung auf, die von Düringer-Hachenburg, HGB., 2. Aufl., Bd. 2, S. 268, zu Unrecht gutgeheißen wird. Hier hat das Reichsgericht es abgelehnt, die Lehre von der positiven Vertragsverletzung bei einem einmaligen Grundstücksverkauf anzuwenden, und will anscheinend die Lehre lediglich auf handelsrechtliche Verhältnisse beschränken. Hierzu liegt aber nicht der geringste innere Grund vor, wie Staub-Könige, HGB., 8. Aufl., Exkurs zu § 374, Anm. 173, richtig betonen.

Zuzugeben ist nur, daß Fälle der Art, wie sie das Beispiel mit den beiden Bauwerken darstellt, die Ausnahme bilden und im allgemeinen sukzessive Lieferungsgeschäfte das Anwendungsgebiet der obigen Grundsätze bilden werden. Andererseits wird gerade bei ihnen sehr häufig schon eine einzige Vertragsverletzung ausreichen, um eine Gefährdung des Vertragszweckes als vorliegend anzusehen, da gerade sie, wie das Reichsgericht in der JW. 06, S. 299ff. und bei Gruch., Bd. 54, S. 913 durchaus zutreffend ausführt, in höherem Maße das Vertrauen auf treue Erfüllung der wechselseitigen Vertragspflichten voraussetzen und daher unter Umständen schon eine einmalige Vertragsverletzung das Vertrauen auf die Vertragstreue des anderen Teils und damit die Grundlage des ganzen Vertrages erschüttern kann.

Allerdings, wann eine einzige Verletzung schon genügt, um den ganzen Vertrag gefährdet erscheinen zu lassen, und wann eine eventuell mehrfache Wiederholung der Verletzung zu verlangen ist, um zu dem gleichen Ergebnis zu gelangen, ist naturgemäß lediglich davon abhängig, wie der einzelne Fall in tatsächlicher Hinsicht gelegen ist. Ebenso steht es mit der Entscheidung der Frage, ob für die analoge Anwendbarkeit des § 326 im konkreten Falle ein der Mahnung und Fristsetzung dieses Paragraphen entsprechender Hinweis darauf erforderlich ist, daß man bei einer Wiederholung der vertragswidrigen Leistung oder des vertragswidrigen Tuns vom Vertrage zurücktreten würde. (Richtig daher die Entsch. des RG. in der Leipziger Zeitschr. 10, S. 547, Ziff. 14.) In vielen Fällen werden es schon die Grundsätze von Treue und Glauben im Rechtsverkehr erfordern, daß z. B. beim Bierabnahmevertrag der Wirt nicht schon bei jeder, selbst wenig erheblichen Leistung vertragswidrigen Biers sofort und ohne Beanstandung vom ganzen Vertrage zurücktreten kann (so RG. in Entsch., Bd. 63, S. 297). Grundsätzlich ist allerdings, wie bereits oben zu II vorgetragen, davon auszugehen, daß eine derartige Androhung nicht notwendig ist, wenn der Vertragszweck durch eine positive Vertragsverletzung gefährdet erscheint (vgl. RG. bei Gruch. Bd. 54, S. 632; in der ElsLothZ., Bd. 32, S. 65; siehe ferner Entsch., Bd. 66, S. 421ff.).

Häufig wird es nun nicht immer ganz unzweifelhaft sein, ob eine solche Vertragsgefährdung vorliegt. Eine solche wird sich vielfach prozessual leichter dartun lassen, wenn eine Androhung vorangegangen ist, als ohne eine solche (ähnlich Brecht in IheringsJ., Bd. 54, S. 90ff.; auch Lesser, Das Rücktrittsrecht bei positiven Vertragsverletzungen). Denn wird der eine Teil von dem anderen ausdrücklich darauf aufmerksam gemacht, welche Bedeutung für ihn eine vertragsgemäße Leistung hat, und er handelt trotzdem vertragswidrig, so ist mit hinreichender Deutlichkeit dargetan, daß bei ihm auch in Zukunft keinerlei Gewähr für vertragsmäßiges Verhalten gegeben ist (vgl. denselben Standpunkt des RG. in der JW. 12, S. 387ff.; im Grunde genommen kommen hierauf auch die Ausführungen bei Brecht in IheringsJ., Bd. 54, S. 97, hinaus). Dies ändert aber nichts an dem Grundsatze, daß bei positiver Vertragsverletzung, d. h. wenn der Vertragszweck infolge des Verhaltens der Gegenpartei gefährdet erscheint, die Androhung des Rücktritts vom Vertrage oder der Forderung des Totalschadensersatzes begrifflich nicht notwendig ist. Nicht völlig zutreffend ist daher die in der Leipziger Zeitschr. 10, S. 463, Ziff. 14 wiedergegebene Entsch. des RG.; dort hatte das Berufungsgericht ausgesprochen, daß eine Gefährdung des Vertragszwecks erst dann vorliege, wenn trotz B e s c h w e r d e die Lieferung vertragswidriger Ware fortgesetzt werde, daß aber im hier vorliegenden Falle anzunehmen sei, eine einmalige Beanstandung der Ware würde genügt haben, den Verkäufer zur vertragsmäßigen Lieferung zu veranlassen; dieser Standpunkt wird vom RG. gebilligt. Sicher ist die Entscheidung insoweit richtig, als darin gesagt wird, daß, wenn in dem konkreten Falle eine einmalige Beanstandung Abhilfe geschafft hätte, der Rücktritt ohne solche Beschwerde unzulässig sei; denn dann lag bisher noch keine den Vertragszweck gefährdende Vertragsverletzung vor. Unrichtig ist aber der weitere Satz, daß stets, um ein Rücktrittsrecht zu begründen, die vorherige Äußerung einer Beschwerde zu fordern sei. Da die fragliche Entscheidung des RG. nur mit sehr kurzen Worten wiedergegeben ist, so ist immerhin mit der Möglichkeit zu rechnen, daß das RG. sich nicht mit beiden Grundsätzen des Berufungsgerichts identifizieren wollte, sondern nur mit dem einen.

Wenn Lehmann (im ArchZivPrax., Bd. 96, S. 111) stets dann eine Fristsetzung verlangt, wenn durch das Zuwiderhandeln des Schuldners zwar die Besorgnis begründet wird, daß die künftigen Lieferungen nicht vertragsmäßig ausfallen, aber trotzdem das Interesse an den weiteren Lieferungen fortbesteht, so steht dies keineswegs im Widerspruch zu dem hier vertretenen Standpunkt. Denn in allen den Fällen, wo der Gläubiger noch ein Interesse an künftigen Lieferungen hat, wird man schwerlich sagen können, daß der Vertragszweck bereits gefährdet ist. Eine solche Gefährdung ist aber Voraussetzung der analogen Anwendung des § 326 BGB.

V.

Wie von der Rechtsprechung, so sind die zu II entwickelten Gedanken auch von der Literatur mit Zustimmung aufgenommen worden. Sehr zutreffend bemerkt Hachenburg (DIZ. 03, S. 437): „Mit zwingenden logischen Gründen läßt sich allerdings die Zulässigkeit der Analogie nicht erweisen. Das kann man, wenn man ehrlich ist, bei keiner Analogie. Ausschlaggebend ist das Lebensbedürfnis." Diesen Worten kann nur beigepflichtet werden. Freilich, wenn eine andere Konstruktion zu dem gleichen Ziele führte, die unmittelbar aus dem Gesetze folgte, so wäre sie vorzuziehen. Aber das ist eben nicht der Fall. Das ergeben die folgenden Betrachtungen.

Die Theorie, daß „vertreten müssen" und „Schadensersatz leisten müssen" identische Begriffe sind, versagt hier ganz. Sie könnte, auch wenn sie richtig wäre, nur zum sogenannten Einzelschadensersatz führen, niemals aber dazu, einen Anspruch auf den sogenannten Totalschadensersatz, d. h. auf Schadensersatz wegen Nichterfüllung des ganzen Vertrages, in dem Sinne zu gewähren, wie dieses Recht im § 326 BGB. gegeben ist, nämlich dahin, daß der vertragstreue Teil von jetzt ab jede weitere Erfüllung und Erfüllungsannahme einstellen und Schadensersatz verlangen kann, weil der Vertrag solchergestalt unerfüllt blieb. Denn so ist das Recht auf „Schadensersatz wegen Nichterfüllung" nach § 326 BGB. vom RG. (Entsch., Bd. 50, S. 262; Bd. 57, S. 106; Bd. 61, S. 353) fixiert worden, und so allein entspricht es den Bedürfnissen des Verkehrs sowohl im Falle des Verzugs als auch bei positiven Vertragsverletzungen. Und noch mehr versagt jene Theorie für die Gewährung des Rücktritts. Denn die Meinung Dernburgs (DJZ. 03, S. 5), der Anspruch auf Schadensersatz könne auch zum Rücktritt führen, kann nicht akzeptiert werden. Rücktritt und Schadensersatz wegen Nichterfüllung sind eben verschiedene Begriffe, verschiedene Rechtsinstitute (ebenso Kipp in der DJZ. 03, S. 253; Düringer-Hachenburg, HGB., 1. Aufl., Bd. 3, S. 73; Lehmann im ArchZivPrax., Bd. 96, S. 106).

Aber auch die Theorie von der Unmöglichkeit der Erfüllung (vgl. Planck, BGB., 3. Aufl., § 326 Anm. 6 und Siber in IheringsJ., Bd. 50, S. 208 ff., die dabei verharren, wie dies auch teilweise Makower, HGB., S. 1195, 1196, und Lehmann im ArchZivPrax., Bd. 96, S. 93 ff., tun) ist abzulehnen. Liefert die Brauerei ihrem Abnehmer an zehn verschiedenen Tagen schlechtes Bier, so ist es ihr deshalb noch nicht unmöglich, in Zukunft gutes Bier zu liefern. Vielleicht war es ihr nicht einmal in den zehn fraglichen Tagen unmöglich, gutes Bier zu liefern. Sie hatte vielleicht gutes und schlechtes Bier und hat nur den betreffenden Gastwirt schlecht bedient. Und in der Folgezeit ist es ihr vielleicht erst recht möglich, gutes Bier zu liefern. Aber der Gastwirt kann es darauf nicht mehr ankommen lassen. Ihm genügt es, daß die Brauerei an zehn verschiedenen Tagen den Vertrag positiv verletzt hat; und seine Rechte und Interessen werden vom Gesetze nur dann gewahrt, wenn ihm das Recht gewährt wird, nicht bloß Schadensersatz wegen jener zehn mangelhaften Einzellieferungen zu verlangen, sondern auch außerdem nach seiner

Wahl vom ganzen Vertrage zurückzutreten oder Schadensersatz wegen Nichterfüllung des ganzen Vertrages zu wählen, d. h. Erfüllung und Erfüllungsannahme fortan einzustellen und Ersatz desjenigen Schadens zu verlangen, der ihm durch die solchergestalt eingestellte Ausführung des Vertrages erwächst.

Die Gegner meinen, es liege in solchen Fällen nichts weiter als eine Anwendung des § 325 BGB. vor: Unmöglichkeit der Erfüllung, die die Brauerei zu vertreten habe. Denn, so sagen sie, die Brauerei, die zehn Tage lang schlechtes Bier geliefert habe, könnte doch eben während dieser Tage kein gutes Bier mehr liefern. Immer derselbe Gedankenfehler! Was ist denn der Brauerei unmöglich? Gutes Bier zu liefern? Aber in der Folgezeit kann sie vielleicht das beste Bier liefern, und auch in der Vergangenheit war sie vielleicht dazu imstande. Unmöglich ist ihr, nachdem sie einmal zehn Tage lang schlechtes Bier geliefert hatte, das solchergestalt Geschehene rückgängig zu machen. Das ist es, was ihr unmöglich geworden ist, weil es nach den Naturgesetzen unmöglich ist, Geschehenes ungeschehen zu machen. Indessen eine Unmöglichkeit der Erfüllung, welche die Rechte aus § 325 gibt, liegt nur dann vor, wenn diejenige Leistung, welche den Gegenstand des Vertrages bildet, nachträglich unmöglich wird. Die Rückgängigmachung geschehener Tatsachen war aber nicht diejenige Leistung, welche den Gegenstand des Vertrages bildete, und konnte sie auch nicht sein; denn wäre sie es gewesen, so wäre der Vertrag von vornherein nichtig gewesen (vgl. zustimmend Krückmann in IheringsJ., Bd. 59, S. 344ff.).

Und noch eins. Vom Standpunkt dieser Gegner aus wäre der § 326 BGB. überflüssig. Denn auch von dem, der am 15. Februar eine Ware zu liefern hat und sie an diesem Tage nicht liefert, kann man sagen: Es ist ihm nunmehr unmöglich, sie am 15. Februar zu liefern. Der Verzug wäre dann nichts weiter als eine Unmöglichkeit der Erfüllung, und der ganze § 326 BGB. wäre in das Gesetzbuch gekommen nach dem

Rezepte: Doppelt hält besser. Was von diesem Rezepte der Gesetzestechnik zu halten ist, ist bereits oben zu III dargelegt.

Nicht anders liegen die Fälle, in denen die dem Schuldner obliegende Verpflichtung dahin geht, eine bestimmte Handlung zu unterlassen, z. B. Ware nur an bestimmte Personen zu liefern oder das Bier nur von einer einzigen Brauerei zu beziehen. Mit Unrecht will insbesondere Lehmann (ArchZivPrax., Bd. 96, S. 92ff.; Unterlassungspflicht, S. 255ff.), Enneccerus-Kipp-Wolff (Lehrbuch, § 278, I, 1d), Staffel (SächsArchR. 06. S. 509ff.) und Zitelmann (Festgabe für Krüger, S. 265ff.) gerade hier den § 325 BGB. ausnahmslos direkt zur Anwendung bringen, weil die Unterlassung einer Handlung hier als Hauptverpflichtung geschuldet und ihre Erfüllung durch Zuwiderhandeln unmöglich geworden sei.

Das RG. hat einen der hierunter zu rechnenden Fälle, den Alleinlieferungsvertrag, zuerst in der Entscheidung, Bd. 54, S. 286ff. erörtert. Hier verfällt es merkwürdigerweise wieder in die Unmöglichkeitstheorie.

Zwar betont es in dieser Entscheidung, daß es sich mit der oben gedachten Entscheidung, Bd. 54, S. 98ff. nicht in Widerspruch gesetzt habe. Aber dieses Bestreiten ist nicht ohne Bedenken, und jedenfalls war es unnötig, den einmal angenommenen Rechtsgrundsatz hier außer Anwendung zu lassen. Die Art, wie das RG. in diesem Falle eine Unmöglichkeit der Erfüllung konstruiert, trifft auch nicht zu. Es hatte in jenem Falle der Verkäufer dem Käufer den sogenannten Alleinverkauf übertragen, d. h. er hatte mit ihm vereinbart, daß er den betreffenden Artikel an keinen anderen liefern werde, und er hatte dies doch getan. Hier liegt geradezu ein Schulbeispiel einer positiven Vertragsverletzung vor, ein Fall, der so recht geeignet ist, den hier vertretenen Rechtsgrundsatz zur Anwendung zu bringen. Der Verkäufer hatte sich verpflichtet, an keinen anderen Ware dieser Art zu verkaufen; er hatte diese Unterlassungspflicht durch die positive Handlung des Lieferns an einen Konkurrenten des Käufers verletzt. Der

Verkäufer hatte dadurch die Erreichung des Vertragszwecks gefährdet, und der Käufer hatte dadurch diejenigen Rechte erworben, die ihm der aus der analogen Anwendung des § 326 BGB. gewonnene Rechtsgrundsatz gewährte. Der Käufer war infolgedessen zurückgetreten, hatte Abnahme weiterer Ware, die er auf Grund des Vertrages an sich abzunehmen verpflichtet gewesen wäre, verweigert, und das Berufungsgericht hatte diese Weigerung für berechtigt erklärt. Das Berufungsgericht hatte die Unmöglichkeitstheorie angewendet, und das RG. schloß sich dem an. Es sagt: „Die unter Enthaltung eigener Lieferungen in das dem Beklagten reservierte Absatzgebiet versprochene Vertragsleistung konnte durch die von der Klägerin begangene und nicht mehr ungeschehen zu machende Zuwiderhandlung als im Sinne des Vertrages unmöglich geworden betrachtet werden." Um den Fall der Unmöglichkeit der Erfüllung zu konstruieren, geht also das RG. davon aus, daß es sich um eine einheitliche Vertragsleistung handle: „Lieferung an den Beklagten unter Enthaltung der Lieferung an andere." Das ist künstlich und unwahr. (Anderer Meinung Krückmann im ArchZivPrax., Bd. 101, S. 221, ohne weitere Begründung.) Es handelt sich ungezwungen und in Wahrheit um zwei Verpflichtungen: Der Verkäufer hatte sich erstens verpflichtet, dem Beklagten eine bestimmte Ware zu liefern, und er hatte sich ferner verpflichtet, Ware gleicher Art an andere nicht zu liefern. Daraus macht das RG. eine Verpflichtung: „Lieferung unter Enthaltung der Lieferung an andere", um dann sagen zu können: Diese einheitliche Verpflichtung zu erfüllen ist ihm nunmehr unmöglich. Man denke: Der Verkäufer hat vielleicht im August die ganze an den Käufer zu liefernde Ware diesem geliefert, und im Oktober hat er Ware gleicher Art an andere geliefert. Nun sitzt der Käufer auf der im August erhaltenen Ware, mit deren Vertrieb er seinerseits nach der Beschaffenheit des Artikels erst im November beginnen konnte, und infolge der Tatsache, daß der Verkäufer die gleiche Ware seiner Verpflichtung zuwider auch an andere (vielleicht gar billiger als an ihn) verkaufte, wird der Käufer seine Ware nicht los. Kann er von dem Vertrage zurücktreten? Unbedenklich ja. Aber warum? Das RG. sagt, weil es dem Verkäufer unmöglich geworden ist, seine Vertragsleistung, nämlich „zu liefern unter Enthaltung der Lieferung an andere“, zu erfüllen. Aber der Käufer hat doch schon im August die Ware an den Beklagten geliefert. Wie kann man da sagen, es sei ihm unmöglich, „zu liefern unter Enthaltung der Lieferung an andere“? Er hat ja gar nichts mehr an den Käufer zu liefern. Er hat nur noch an andere nicht zu liefern. Diesem Gedankengang verschließt sich bis hierhin auch Lehmann (ArchZivPrax., Bd. 96, S. 94; Unterlassungspflicht, S. 260) nicht; nur in der Folge geht er irre.

Als nun im Oktober an den Verkäufer die Versuchung herantrat, ob er der übernommenen Verpflichtung zuwider an einen anderen Kunden Ware gleicher Art liefern solle, da war es ihm durchaus möglich, dieser Versuchung zu widerstehen und die ihm obliegende Verpflichtung zu erfüllen. Wenn er trotzdem der Versuchung nicht widerstanden hat, so hat er den Vertrag verletzt, obgleich es ihm möglich war, ihn zu erfüllen. Was ihm, nachdem er so gehandelt hat, nicht mehr möglich ist, das entschlüpft dem RG. mit den Worten: „Durch die von dem Kläger begangenen und nicht mehr ungeschehen zu machenden Zuwiderhandlungen.“ Mit anderen Worten: Unmöglich geworden ist dem Verkäufer, die an andere erfolgten Lieferungen ungeschehen zu machen. Das aber, das Rückgängigmachen geschehener Tatsachen, war nicht die den Gegenstand des Vertrages bildende Vertragsleistung — der Vertrag wäre ja sonst nichtig, weil er über eine von vornherein unmögliche Leistung lauten würde —, und der § 325 BGB. greift nur Platz, wenn die den Gegenstand des Vertrages bildende Leistung nachträglich unmöglich wird. Von einer Unmöglichkeit der Erfüllung kann keine Rede sein. (Vgl. auch Krückmann im ArchZivPrax., Bd. 101, S. 219ff.; in IheringsJ., Bd. 59,

S. 345.) Ebensowenig läßt sich von einer teilweisen Unmöglichkeit insoweit reden, als der Verkäufer seiner Verpflichtung, an andere Abnehmer nicht zu liefern, nicht nachgekommen ist, wie dies Lehmann an den oben angeführten Stellen meint. Dieselben Argumente, die gegen die Ansicht des RG. sprechen, sprechen auch gegen ihn.

Die Sachlage ist vielmehr so, daß der Verkäufer von den ihm obliegenden Verpflichtungen die eine (Lieferung an den Beklagten) erfüllt, die andere (Nichtlieferung an andere Kunden) verletzt hat. Das letztere ist eine schuldhafte positive Vertragsverletzung, und diese gewährt auf Grund der Analogie des § 326 BGB. dem Käufer das Rücktrittsrecht. Nicht anders liegt die Sache, wenn zur Zeit des Verkaufs an andere noch ein Teil der an den Käufer zu liefernden Ware rückständig ist. Auch dann liegt nichts weiter vor, als daß der Verkäufer den Vertrag insofern verletzt hat, als er an andere verkauft hat. Für die Folgezeit ist der Verkäufer sehr wohl imstande, seine Verpflichtungen zu erfüllen; er ist in der Lage, an den Käufer zu liefern und an andere nicht zu liefern, nur daß durch die einmal geschehene Vertragsverletzung der Vertragszweck gefährdet oder gar vereitelt ist.

Die Unmöglichkeitstheorie versagt somit im Falle des Alleinlieferungsgeschäfts genau so, wie auch sonst überall. (Ebenso Düringer-Hachenburg, HGB., 2. Aufl., Bd. 2, S. 267.) Das RG. ist auch nicht konstant bei derselben Auffassung geblieben, sondern hat in ähnlich liegenden Fällen wieder den Gesichtspunkt der positiven Vertragsverletzung zur Beurteilung herangezogen, so in der Leipziger Zeitschr. 08, S. 778, Ziff. 24, wo der Kläger ein vertragsmäßig ausschließlich an den Beklagten zu lieferndes Buch auch an Dritte verkauft hatte, ferner im Recht 09, Ziff. 1279, wo der Gastwirt das Bier vertragswidrig von einer fremden Brauerei bezogen hatte. (Vgl. auch JW. 06, S. 171, Ziff. 17.) Der Entscheidung im 54. Bande darf daher nicht die übermäßige Bedeutung zuerkannt werden, die ihr gewöhnlich beigelegt wird.

Zuzugeben ist den Anhängern der Unmöglichkeitstheorie nur, daß hin und wieder Fälle vorkommen können, in denen die mangelhafte Erfüllung eines Vertrages auf die Unmöglichkeit einer vertragsmäßigen Leistung zurückzuführen ist, also z. B. wenn sich jemand verpflichtet hat, Garn einer bestimmten Qualität zu liefern oder zu verarbeiten, es ihm aber durch sein Verschulden nicht möglich ist, sich dieses zu beschaffen, oder wenn er es verdirbt, sodaß er eine andere Qualität liefert oder verarbeitet. Hier kann man allerdings davon sprechen, daß dem Schuldner die Erfüllung seiner Vertragspflicht, nämlich Garn der versprochenen Qualität zu liefern, unmöglich ist, und daß der Gläubiger infolgedessen die Rechte aus § 325 BGB. ohne weiteres geltendmachen kann. (So Winter bei Gruchot, Bd. 48, S. 203; Lehmann im ArchZivPrax., Bd. 96, S. 98; Unterlassungspflicht, S. 281; Oertmann, Recht der Schuldverhältnisse, § 325, Anm. 6a; Staudinger, Komm. § 325, Anm. 7.) Derartige Fälle besagen aber nichts für die Unrichtigkeit der hier vertretenen Anschauungen; denn bei ihnen handelt es sich einmal um das Vorliegen einer positiven Vertragsverletzung und ferner um Unmöglichkeit der Vertragserfüllung, beides miteinander verbunden. Der § 325 kann hier nicht deshalb zur Anwendung kommen, weil der Schuldner den Vertrag positiv verletzt hat, sondern weil ihm die Vertragserfüllung unmöglich geworden ist.

Scharf zu scheiden von den Anhängern der Unmöglichkeitstheorie sind diejenigen, die im Falle einer positiven Vertragsverletzung den § 325 BGB. analog zur Anwendung bringen wollen. (So Staudinger, § 325, Anm. 7; Oertmann, § 325, Anm. 6, und teilweise Siber in JheringsJ., Bd. 50, S. 208ff.) Die Vertreter dieser Ansicht finden das Wesentliche bei der positiven Vertragsverletzung, was zu dem Verlangen geführt hat, bei ihrem Vorliegen ein Rücktritts- und Totalschadensersatzrecht zu gewähren, ebenso wie die hier vertretene Anschauung darin, daß durch sie der Vertragszweck gefährdet werden kann, und glauben, in dem § 325 BGB. die Gesetzesstelle gefunden zu haben, in der diese Rechtsnorm zum Ausdruck gelangt ist. Oertmann stellt daher den Satz auf: „Wer durch positive Vertragsverletzung den Vertragszweck schuldhaft gefährdet oder gar vereitelt, wird so behandelt, wie wer durch Unmöglichmachen der Erfüllung dasselbe Ergebnis verschuldet hat." Er stellt also die Gefährdung und die Vereitelung des Vertragszwecks dem Unmöglichmachen der Erfüllung gleich. Hier liegt gerade der Fehler dieser Theorie. Denn nur da, wo der Vertragszweck vereitelt wird, liegt das Analoge zum Unmöglichmachen vor, nicht aber schon bei der bloßen Gefährdung. Die Rechtsnorm für diese findet sich erst im § 326 BGB. bei der Regelung der Rechtswirkungen des Verzuges. Demnach ist der Rechtsgedanke, der bei der positiven Vertragsverletzung das Rücktritts- und Schadensersatzrecht gibt, dem § 326 BGB. zu entnehmen. (So auch Doerr im Recht 08, S. 207f.)

Daß überhaupt die Aufstellung besonderer Rechtsgrundsätze für positive Vertragsverletzungen unerläßlich ist, bestreitet kaum noch jemand. Mit Unrecht mißbilligt Dernburg (in der DJZ. 03, S. 5) dies. Er meint, in einigen der zu I angeführten Beispiele (ein Agent berichtet aus Nachlässigkeit unrichtig über die Solvenz eines Kunden, ein anderer arbeitet für ein Konkurrenzgeschäft, ein Kommis verkauft aus Fahrlässigkeit unter dem Einkaufspreise) werde schon die Lehre vom „wichtigen Grunde" zur Kündigung ohne Einhaltung einer Kündigungsfrist helfen. Das ist ja an sich richtig. Allein Dernburgs Einwand beruht hier auf einem Mißverständnis. Jene Beispiele waren nämlich nur angebracht für das Bedürfnis, als Folge der einzelnen Vertragsverletzung den sogenannten Einzelschadenersatz zu gewähren. Für die Frage des Rücktritts oder eines ähnlichen Rechts ist in diesen Fällen allerdings durch die besonderen Vorschriften, welche für Dienstverträge gelten, genügend gesorgt und ebenso für die Frage der generellen Schadensersatzpflicht, sofern man von dem sofortigen Kündigungsrechte auf Grund eines vertragswidrigen

Verhaltens der Gegenpartei Gebrauch gemacht hat. (§ 628, Abs. 2 BGB.; § 70, Abs. 2 HGB.) Indessen, es gibt zahlreiche andere Verträge, bei denen auch bei schuldhaften Vertragsverletzungen in den ausdrücklichen Gesetzesbestimmungen kein Recht gewährt ist, die Fortsetzung des Vertrages einzustellen, zurückzutreten und Schadensersatz wegen Nichterfüllung des ganzen Vertrages zu verlangen. (Ebenso Lehmann im ArchZivPrax., Bd. 96, S. 106.) Für diese zahlreichen anderen Verträge muß nach einem das Verkehrsbedürfnis befriedigenden Auswege gesucht werden, und dieser dürfte in der analogen Heranziehung des § 326 BGB. gefunden sein.

Manche glauben nun diesen Ausweg in der analogen Anwendung der die Kündigung betreffenden Bestimmungen des BGB. zu sehen. (So Müller-Erzbach in der DJZ. 04, S. 1158ff.; Dernburg, BürgR., Bd. II, 2, S. 46; Kohler, BürgR., Bd. II, S. 253, 254; zustimmend auch Krückmann im ArchZivPrax., Bd. 101, S. 253; in IheringsJ., Bd. 59, S. 365.) Sie argumentieren so: Der Hauptanwendungsfall für diese Lehren seien die sukzessiven Lieferungsgeschäfte und ähnliche auf lange Dauer berechnete Verträge; diese Geschäfte hätten eine Besonderheit, die darin bestehe, daß sie feste, dauernde Rechtsverhältnisse hervorriefen, sie seien daher mit den Miet-, Pacht-, Dienst- und ähnlichen Verträgen auf eine Stufe zu stellen, und, wie das Gesetz dort aus bestimmten wichtigen Anlässen das Recht gewähre, die bestehenden Rechtsverhältnisse im Wege der Kündigung zur Auflösung zu bringen, so müsse dieses Recht analog auch bei sonstigen Dauerverträgen zugebilligt werden; im übrigen sei das Auflösungsrecht, das man allseitig bei Sukzessivlieferungsgeschäften anerkenne, auch in Wirklichkeit, juristisch betrachtet, ein Kündigungsrecht, da es im Gegensatz zum Rücktrittsrecht nur eine Wirkung für die Zukunft äußere.

Einzuräumen ist allerdings, daß sich die Wirkung des Rücktrittsrechts bei positiven Vertragsverletzungen im allgemeinen (so auch Lehmann, Die Unterlassungspflicht, S. 284ff.)

auf die Zukunft beschränken wird. Die von der Fabrik bezogene Ware ist bereits anderweitig veräußert worden, das von der Brauerei gelieferte Bier ist an die einzelnen Abnehmer verschänkt worden. Unrichtig ist dagegen, daß dies immer der Fall sein muß. Der Gastwirt, der dauernd schlechtes Bier erhalten hat, muß in der Lage sein, die Vorräte, die noch bei ihm lagern, und für die er keine Verwendung hat, gegen Rückvergütung des von ihm gezahlten Preises an die Brauerei zurückzugeben. Es kommt daher gar nicht weiter darauf an, ob etwa das Kündigungsrecht nur ein besonderer Fall des Rücktrittsrechts ist, wie Lehmann (Die Unterlassungspflicht, S. 285) meint, oder nicht.

Die analoge Heranziehung des Kündigungsrechtes scheitert aber vornehmlich daran, daß ein solches sich naturgemäß, wie die Anhänger dieser Lehre auch nicht leugnen, nur auf Dauerverträge anwenden läßt; nur solche sind in Parallele mit den Verträgen zu stellen, bei denen das BGB. eine Kündigung zuläßt. Dagegen ist das Anwendungsgebiet der Lehre von der positiven Vertragsverletzung nicht lediglich auf Sukzessivgeschäfte und andere Dauerverträge beschränkt, wie das oben zu IV erwähnte Beispiel mit den beiden Bauwerken erweist. (Vgl. auch Lehmann, Die Unterlassungspflicht, S. 288.) In allen diesen Fällen würde die Analogie des Kündigungsrechts, weil nur für eine begrenzte Reihe von Fällen passend, versagen; sie eignet sich daher nicht als eine allgemeine Rechtsregel.

Damit erledigt sich auch dieser Angriff gegen die analoge Anwendung des § 326 BGB.

VI.

Zu den wichtigsten Fragen gehört, ob der Rechtsgrundsatz zu II auch auf den Kauf zutrifft. Für den Fall, daß es sich um andere Verpflichtungen außer der Lieferung handelt, wird dies beim Kaufe nicht bezweifelt werden können. Aber bezweifelt wird es für den Fall, daß die positive Vertragsverletzung gerade in der mangelhaften Leistung des Kaufgegenstandes besteht.

Dernburg und Kipp haben in den zu III zitierten Abhandlungen (ebenso Makower, HGB., S. 1177) die Zulässigkeit der Annahme eines solchen Rechtsgrundsatzes für den Kauf in Abrede gestellt. Sie halten die Gewährleistungsvorschriften für den Kauf für erschöpfend — wogegen lediglich auf die oben zu I gemachten Ausführungen zu verweisen ist. (Ebenso Krückmann, DJZ. 04, S. 205ff.) — meinen aber auch, daß die Gewährung besonderer Rechte für den Käufer bei mangelhafter Erfüllung analog den im § 326 BGB. beim Verzug gegebenen nicht erforderlich sei.

Sie meinen, daß der Käufer, dem vom Verkäufer mangelhafte Ware angeboten wird, sie ablehnen und dadurch den Verkäufer in Verzug setzen könne, sodaß die Rechte aus § 326 BGB. direkt gegeben seien. Wenn dies auch richtig ist, so kann doch nicht zugegeben werden, daß das den Käufer stets oder auch nur meist zum gleichen Ziele führt. Denn Voraussetzung dafür, daß der Verkäufer in Verzug kommt, ist immer, daß der Käufer die ihm angebotene mangelhafte Ware nicht annimmt. Und der Käufer nimmt die Ware nicht an, wenn er die ihm angebotene Übergabe der Ware vereitelt. Legt man dies zugrunde, so ist nicht zu finden, wie in den zahlreichen Fällen zu helfen ist, wo der Käufer die Ware entgegennehmen muß, ihre Übergabe also nicht vereiteln kann, weil die Ware ihrer Beschaffenheit nach erst dann geprüft werden kann, wenn der Käufer sie im Besitze hat. So z. B. bei Weinlieferungen, bei Bierlieferungen, bei Stoffen, die erst chemisch untersucht, bei Gegenständen, die erst daraufhin geprüft werden müssen, ob sie funktionieren und ihrem Zweck zu dienen geeignet sind. Und wie ist ferner zu helfen in den anderen zahlreichen Fällen, wo der Käufer die Ware in Besitz nimmt, weil er sich etwa infolge der immer erneuten Versicherung des Verkäufers, daß ihm nunmehr die fehlerfreie Herstellung der Ware gelungen sei, veranlaßt gesehen hat, die erneute Lieferung nicht a limine zurückzuweisen, und nun doch sieht, daß sie wiederum fehlerhaft ist, oder wo er eine mangelhafte Ware bereits an auswärtige Unternehmer weiterdirigiert hat? In allen diesen Fällen gerät der Verkäufer, da der Käufer die Übergabe nicht vereitelt hat, nicht in Verzug. Dem Käufer stehen daher die Rechte aus § 326 BGB. nicht unmittelbar zu.

Mit Unrecht wendet Lehmann (im ArchZivPrax., Bd. 96, S. 107) ein, daß nicht schon die bloße Entgegennahme einer Leistung den Verzug des zur Leistung Verpflichteten beende, sondern erst ihre Annahme als Erfüllung. Wenn sich daher nach Lieferung einer Ware bei deren Prüfung herausstelle, daß sie mangelhaft sei, und der Käufer sie nun zurückweise, so komme der Verkäufer, wenn er nunmehr nicht leiste, in Schuldnerverzug. Wäre dies wirklich der Standpunkt des BGB., so wäre die Sonderbestimmung des § 480 BGB. Abs. 1 Satz 1 nicht zu verstehen, die dem Käufer einer der Gattung nach bestimmten Sache das Recht gewährt, an Stelle der mangelhaften Gattungssache eine mangelfreie zu verlangen; dieses Recht hätte er nach Lehmanns Ansicht ohne weiteres, da bisher ja überhaupt noch nicht geleistet worden ist.

Auch das Vorhandensein des § 480 BGB. selbst reicht nicht aus, um weitere Rechtsbehelfe überflüssig erscheinen zu lassen. Wenn danach auch der Empfänger einer mangelhaften Ware befugt ist, eine fehlerfreie Ersatzware zu beanspruchen, so wird dieses Recht doch häufig in allen den Fällen illusorisch sein, wo die erhaltene mangelhafte Ware bereits an andere Unterabnehmer weiter geliefert worden ist. Kommen diese nun mit Ersatzansprüchen, so bleibt dem ersten Empfänger der mangelhaften Lieferung nach der Dernburg-Kippschen Meinung nichts anderes übrig, als zunächst die nächste Lieferung abzuwarten und alsdann, falls auch diese schlecht ausfällt, nach Maßgabe des § 326 BGB. zurückzutreten. Ein solcher Ausweg wird aber in vielen Fällen dem Käufer nicht genügen, der so in eine gänzlich unsichere Rechtslage gerät, seinen eigenen Abnehmern stets haftbar bleibt und, wenn er sich selbst, um für alle Möglichkeiten gesichert zu sein, anderweit eindeckt, dies nur auf sein eigenes Risiko tut. (Ähnlich Lehmann im ArchZivPrax., Bd. 96, S. 108/09; Krückmann im ArchZivPrax., Bd. 101, S. 241.)

Von Fall zu Fall kann daher die Dernburg-Kippsche Lehre ein genügendes Aushilfsmittel abgeben. Ihre Anwendbarkeit für alle Fälle versagt dagegen. Es ist alsdann schwerlich anders zu helfen, als durch die analoge Anwendung des § 326 BGB.

Dem hat sich auch das RG. in ständiger Praxis angeschlossen. Nachdem es zunächst schon die sogenannte Einzelschadensersatzpflicht als Rechtsfolge mangelhafter Erfüllung des Kaufvertrages angenommen und durch die für den Kauf gegebenen Sondervorschriften über die Gewährleistung nicht für ausgeschlossen erklärt hatte (so Entsch. Bd. 52, S. 18; Bd. 53, S. 200; Bd. 66, S. 290, 291), hat es in der Folge im Einklange hiermit die analoge Anwendung des § 326 BGB. auch beim Kauf, insbesondere beim sukzessiven Lieferungsgeschäft, bei Vorliegen mangelhafter Lieferung bejaht. (So Entsch. Bd. 57, S. 114; Bd. 63, S. 297; Bd. 65, S. 50ff.; Bd. 67, S. 5; Leipziger Zeitschr. 10, S. 472, Ziff. 3.)

Eine Besonderheit muß nur für Kaufverträge im Handelsverkehr gelten, die aus der positiven Gesetzesbestimmung folgt. Nach § 377 HGB. hat der Käufer einer Ware diese unverzüglich nach ihrer Ablieferung zu prüfen und von einem etwa vorliegenden Mangel dem Verkäufer unverzüglich Anzeige zu machen; unterläßt der Käufer diese Anzeige, so gilt die Ware als genehmigt. Diese Gesetzesvorschrift, deren Zweck der ist, Sicherheit im Rechtsleben zu schaffen und den Verkäufer vor verspäteten Beanstandungen längst gelieferter Waren zu schützen, muß ihre Anwendung auch bei der Lehre von der positiven Vertragsverletzung finden; denn, wie das Reichsgericht bereits in der Entsch., Bd. 25, S. 28 betonte, und Bd. 65, S. 53

wiederholte, steht „die im Falle der nicht rechtzeitigen Erstattung einer Mängelrüge kraft Gesetzes anzunehmende Genehmigung der Ware jedem aus der nicht gesetzmäßigen oder nicht vertragsmäßigen Beschaffenheit derselben hergeleiteten Anspruch entgegen". Der Rücktritt wegen positiver Vertragsverletzungen wie das Verlangen des Totalschadensersatzes kann daher wohl auf die Mangelhaftigkeit früherer angenommener Lieferungen gestützt werden. Immer aber ist es notwendig, daß der Käufer sich nicht etwa durch Außerachtlassung der ihm obliegenden Rügepflicht mit ihnen einverstanden erklärt hat. Ist dies der Fall, so können die fraglichen Rechte von ihm nicht mehr geltend gemacht werden. Dies verlangt schon ohne weiteres die Beobachtung von Treue und Glauben im Rechtsverkehr. Zutreffend hat sich daher auch die Praxis und Literatur durchweg auf diesen Standpunkt gestellt. (Vgl. Entsch. des RG., Bd. 65, S. 54; Leipziger Zeitschr. 08, S. 161, Ziff. 21; 09, S. 672, Ziff. 1 und 2; 10, S. 472, Ziff. 3; Recht 09, Ziff. 3740; Staffel im SächsArchR. 06, S. 505 ff.; Düringer-Hachenburg, HGB., 2. Aufl., Bd. 2, S. 278, 279.)

VII.

Das Anwendungsgebiet der Vorschriften über die Rechtsfolgen einer positiven Vertragsverletzung ist ein äußerst ausgedehntes. Es im einzelnen bei den einzelnen im Verkehr häufiger vorkommenden Rechtsgeschäften zu verfolgen, geht über den Rahmen dieser Abhandlung hinaus, die es in der Hauptsache nur mit den allgemeinen Grundlagen dieser Lehre zu tun hat. Nur ein Anwendungsfall, der sich allgemein auf alle Verträge erstrecken kann, mag noch hervorgehoben werden, nämlich der Fall, wo ein Kontrahent seinem Gegenkontrahenten die bestimmte Erklärung abgibt, daß er sich weigere, den Vertrag zu erfüllen, daß er sich vom Vertrage lossage. In einem derartigen Verhalten liegt ebenfalls eine positive Vertragsverletzung, auf Grund deren die Rechte aus § 326 BGB. in analoger Anwendung desselben gewährt werden.

Staub hatte bereits in seinem Kommentar zum HGB., 6./7. Aufl. (Exkurs zu § 374, Anm. 76) früher die Rechtsansicht ausgesprochen, daß „der Schuldner durch eine solche vor der Fälligkeit abgegebene Erklärung, er werde zur Verfallzeit nicht erfüllen, vertragswidrig handele. In diesem Verhalten, in der Ankündigung der Vertragsuntreue, liegt selbst eine Vertragsuntreue, und die Folgen dieser Vertragsuntreue muß der Schuldner tragen. Der Gläubiger, der durch dieses Verhalten Schaden erlitten hat, kann diesen Schaden nach allgemeinen Grundsätzen ersetzt verlangen."

Das RG. ist weiter gegangen als Staub in seinem Kommentar und hat unter Fortentwickelung seiner Lehre von der positiven Vertragsverlegung aus dieser Vertragsuntreue die analoge Anwendung des § 326 BGB. als Konsequenz gezogen. Zuerst hat es dieser Rechtsauffassung in der Entscheidung des zweiten Zivilsenats vom 23. Februar 1904 (Entsch. Bd. 57, S. 106ff.) Ausdruck verliehen und ist in ständiger Praxis dabei verblieben (vgl. Entsch. Bd. 66, S. 419ff.; Bd. 67, S. 317; Gruch., Bd. 54, S. 628ff.; S. 914ff.).

Wissenschaft und Praxis können unbedenklich diesen Grundsätzen folgen. Die gegenteilige Ansicht, die insbesondere Planck, Kommentar, § 326 Anm. 2d, Oertmann, Schuldverhältnisse, § 326 Anm. 4, Windscheid-Kipp, Lehrbuch, § 321, S. 337 noch vertreten, vermag nicht zu überzeugen.

Es muß in der Tat eine Rechtsverletzung darin erblickt werden, daß der Verpflichtete dem Berechtigten offen erklärt, er werde seine Verpflichtung nicht erfüllen. Sollte wirklich ein Bedenken bestehen, in einem solchen Verhalten eine Rechtsverletzung zu erblicken? Verletzt nur der meine Rechtssphäre, der mich schlägt, nicht schon der, der zum Schlage gegen mich ausholt? Hat er etwa dazu ein Recht? Hat der Verpflichtete etwa ein Recht, mich mit der Verletzung der Verpflichtung zu bedrohen? Oder muß nicht umgekehrt gesagt werden: es fehlt ihm dieses Recht? Wer mit mir einen Vertrag geschlossen hat, hat die Verpflichtung, alles zu unterlassen, was mir die begründete Besorgnis beizubringen geeignet ist daß er seine Verpflichtung nicht erfüllen werde. Wenn er daher dieser Verpflichtung zuwider handelt, wenn er tut, was er hiernach unterlassen soll, wenn er mir offen erklärt, er werde seine Verpflichtung nicht erfüllen, so begeht er eine positive Vertragsverletzung. Man muß dabei erwägen, daß das Vertrauen auf die pünktliche Pflichterfüllung des anderen Teils ein erheblicher Faktor im Rechtsleben ist, und daß der Wegfall dieses Vertrauens arge Beeinträchtigungen der durch den Vertrag begründeten rechtlichen Situationen zur Folge hat. Hat ein Kaufmann bei dem Fabrikanten zur sukzessiven Lieferung einen größeren Posten Ware bestellt, so disponiert er über diesen Posten weiter in dem Vertrauen, daß er ihm rechtzeitig geliefert werden würde. Erklärt nun der Fabrikant ihm schon vor der Fälligkeit, er werde nicht liefern, dann ändert schon diese Erklärung, nicht erst das wirkliche Ausbleiben der Lieferung zur Verfallzeit, die durch den Vertrag herbeigeführte Situation des Bestellers. Er weiß jetzt schon, daß der Fabrikant nicht liefern werde; er muß als vernünftiger Kaufmann jetzt schon die Ware anderweit bestellen oder sich mit seinen Abnehmern einigen. Das Gesetz muß, wenn es gerecht und vernünftig sein will, jetzt schon allen diesen Verhältnissen Rechnung tragen und jetzt schon dem Kaufmann das Recht geben, von dem Vertrage zurückzutreten oder Schadensersatz wegen Nichterfüllung zu wählen. Diese richtige Ordnung der Dinge ergibt sich von selbst, wenn man in der bestimmten Erfüllungsverweigerung eine positive Vertragsverletzung erblickt und auf Grund dieser Erklärung den § 326 BGB. analog auwendet.

Erst durch die Adoption dieses reichsgerichtlichen Grundsatzes werden die Rechtsfolgen der bestimmten Erfüllungsweigerung, die die reichsgerichtliche Judikatur früher gezogen hatte, zutreffend geordnet und begründet. Bekanntlich hatte das RG. schon früher in konstanter Praxis (Entsch. Bd. 51, S. 349, Bd. 52, S. 152; Bd. 53, S. 13) angenommen, daß die bestimmte Erfüllungsweigerung dem Gläubiger die Rechte des § 326 BGB. auch ohne Nachfristsetzung gewährt. Allein die Begründung, die diesem Satze gegeben wurde, war in hohem Grade anfechtbar. Der § 326 BGB. macht nun einmal diese Ausnahme nicht, während er eine andere Ausnahme von der Pflicht zur Nachfristsetzung im Abs. 2 macht. Darüber kann die Deduktion nicht hinweghelfen, daß der Schuldner durch die bestimmte Erfüllungsweigerung auf die Nachfristsetzung verzichte und der Gläubiger durch Geltendmachung der Rechte diesen Verzicht annehme, und so beide Teile vereinbaren, daß eine Nachfristsetzung nicht erforderlich sei. Allein die Parteien stehen im Kampfe miteinander und wollen alles eher, als in dieser Situation etwas vereinbaren; dem Schuldner liegt nichts ferner, als durch einen Verzicht dem Gläubiger entgegenzukommen, ihm etwas zu erlassen, was er nach dem Gesetz tun muß, um sein Recht geltend zu machen. Auch die Erwägung, daß bei bestimmter Erfüllungsweigerung die Nachfristsetzung eine nutzlose Formalität oder, wie Dernburg in seinem Bürgerlichen Recht, Bd. 2, § 98, IV, 1, sagt, sinnlos wäre, reicht nicht aus. Wenn das Gesetz nun einmal eine solche Formalität anordnet, kann der Richter von ihr nicht absehen, weil sie in einem bestimmten Falle nutzlos sein würde, abgesehen davon, daß man gar nicht wissen kann, ob die Nachfristsetzung nicht doch einmal nutzt, auch wenn der Schuldner sich vorher bestimmt geweigert hat, zu erfüllen. Auf alle diese anfechtbaren Begründungen braucht man sich nicht zu stützen, wenn man in der bestimmten Erfüllungsweigerung eine positive Vertragsverletzung erblickt. Diese gewährt um ihrer selbst willen die Rechte aus dem analog anwendbaren § 326 BGB. Das Recht ist durch solche Erklärung schon jetzt verletzt. Bis zum Verzuge braucht man nunmehr nicht zu warten, und eine Nachfrist braucht man nicht zu setzen, weil gegenüber einer positiven Vertragsverletzung von einer solchen überhaupt keine

Rede sein kann. (Unrichtig die abweichende Ansicht von Lehmann im ArchZivPrax., Bd. 96, S. 113.) Eine Nachfrist kann nur gesetzt werden zu einer Leistung, die bisher ausgeblieben ist. Eine Nachfrist, die positive Vertragsverletzung zu unterlassen, kann, nachdem sie einmal geschehen ist, nicht gesetzt werden, weil sie eben, einmal geschehen, überhaupt nicht mehr unterlassen werden kann (vgl. oben zu II).

Dieser zur Gewährung der Rechte des § 326 BGB. führende Weg ist auch deshalb vorzuziehen, weil er zu annehmbareren Konsequenzen führt als derjenige, den das RG. früher eingeschlagen hatte. In seiner Entscheidung, Bd. 52, S. 150ff., besonders S. 153, sagt das RG.: Wenn der eine Teil sich vor der Fälligkeit weigere, den Vertrag zu erfüllen, so könne allerdings der vertragstreue Teil schon vorher seine Erklärung abgeben und seine Maßnahmen treffen. Doch bleibe es dem anderen Teil offen, durch Erfüllung während der noch laufenden Erfüllungszeit den Schadensersatz wegen Nichterfüllung abzuwenden, und es gehe für diesen Fall der vor der Erfüllungszeit geschehene Deckungskauf für Rechnung des Käufers. Es leuchtet ohne weiteres ein, daß diese Konsequenz unannehmbar ist. Sie fällt weg — und darauf weist das RG. in der Entscheidung, Bd. 57, S. 106ff., ausdrücklich hin —, wenn man in der bestimmten Erfüllungsweigerung eine positive Vertragsverletzung erblickt. Diese schafft eine klare Situation, sie gibt dem anderen Teil das sofortige Recht, zurückzutreten oder Schadensersatz wegen Nichterfüllung zu wählen, und die hierdurch geschaffene Rechtslage ist eine definitive.

Das RG. hatte ferner angenommen, daß die bestimmte Erfüllungsweigerungserklärung auch von der Verpflichtung zur Mahnung befreie. (JW. 02, S. 28, 29.) Eine Begründung hierfür läßt sich, wenn man von der Theorie der positiven Vertragsverletzung absieht, kaum geben. Denn der § 326 BGB. setzt doch mit ausdrücklichen Worten voraus, daß der *Schuldner im Verzuge ist*, und ohne Mahnung kommt man regelmäßig nicht in Verzug. Ganz anders liegt die Sache, wenn man in der Erklärung der Erfüllungsweigerung eine positive Vertragsverletzung erblickt und an sie die Rechtsfolgen des § 326 BGB. knüpft. Dann liegt eben schon in jener Erklärung die Vertragsverletzung und schon an sie knüpfen sich, auch wenn der Verzug oder gar die Fälligkeit noch nicht eingetreten ist, die Rechtsfolgen aus § 326 durch analoge Anwendung desselben. Und noch eine weitere sehr wichtige Konsequenz ist aus dieser Theorie zu ziehen. Erklärt der Schuldner, z. B. der Käufer, vor der Fälligkeit der Lieferung, er werde nicht abnehmen und zahlen, so muß doch immerhin der Gläubiger seinerseits die Ware anschaffen oder herstellen und sie dem Schuldner anbieten. Denn der § 326 BGB. setzt, wie immer wieder betont werden muß, ausdrücklich voraus, daß der Schuldner im Verzuge ist. Der Käufer kann aber nicht in Verzug kommen, wenn der Kaufpreis nicht einmal fällig geworden ist. Fällig wird der Kaufpreis nur dann, wenn der Verkäufer die Ware besitzt. Denn nur Zug um Zug gegen Lieferung der Ware braucht der Käufer die Ware zu bezahlen. Das Reichsgericht hat in seinen früheren Entscheidungen kein Wort davon verlauten lassen, daß der Gläubiger angesichts der bestimmten Erfüllungsweigerung von der Verpflichtung, die Ware herzustellen oder anzuschaffen, sich in ihren Besitz zu setzen, um in der Lage zu sein, sie dem Käufer Zug um Zug gegen Zahlung zu liefern, entbunden sei. Es hat ihn nur von der Verpflichtung der Nachfristsetzung und von der Verpflichtung zur Mahnung entbunden. Erst in der Entscheidung Bd. 57, S. 106 ff. hat es ihn auch der Verpflichtung entbunden, sich in den Besitz der Ware zu setzen. Es versagt angesichts der bestimmten Erfüllungsweigerung dem Schuldner den Einwand aus § 320 Abs. 1 BGB., und mit vollem Recht. Denn in der bestimmten Erfüllungsweigerung liegt eine positive Vertragsverletzung. Diese gewährt dem Verkäufer die Rechte aus § 326 BGB. Und zu diesen Rechten gehört, daß er vom Vertrage zurücktreten oder Schadensersatz wegen Nichterfüllung verlangen, d. h. die Erfüllung und die Erfüllungsannahme fortan ablehnen und denjenigen Schaden ersetzt verlangen kann, den er durch die solchergestalt erfolgte Einstellung der beiderseitigen Vertragserfüllung erleidet. Die Ware anzufertigen oder anzuschaffen braucht er nicht, weil er ja seine Rechte nicht direkt auf § 326 BGB., also auf den Verzug, stützt. Der Käufer hat eben schon, ehe er in Verzug kam, den Vertrag verletzt und dem Verkäufer dadurch das Recht gegeben, sofort jede weitere Erfüllung und Erfüllungsannahme einzustellen. Deshalb braucht er sich nicht in den Besitz der Ware zu setzen.

Sicherlich stellt dieser besondere Fall der Anwendung der Lehre von der positiven Vertragsverletzung eine sehr bedeutsame Fortbildung des Rechts dar, für die die Jurisprudenz und der Rechtsverkehr nur dankbar sein kann. Zu verlangen ist nur, daß an die Voraussetzungen, die diese Anwendbarkeit bedingen, strenge Anforderungen gestellt werden. Mit dieser Maßgabe scheint auch Oertmann (Schuldverhältnisse, § 326, Anm. 4) die herrschende Meinung zu akzeptieren. Die vom Schuldner erklärte Erfüllungsweigerung muß wirklich eine ernstliche und klare und endgültige sein. Als eine solche erachtet das RG. mit Recht beispielsweise die bestimmte Erklärung, der Vertrag, sei nicht zustande gekommen, oder man annulliere den Vertrag, oder man trete vom Vertrag zurück. Sie kann aber auch in konkludenten Handlungen zu finden sein, so, wenn etwa der bierbezugspflichtige Wirt seine Gastwirtschaft schließt. Es darf aber nicht bloß etwa die Ablehnung einer Leistung nur deshalb erfolgen, weil zurzeit noch Differenzen über den Vertragsinhalt obwalten, deren Beseitigung möglich ist (vgl. Entscheidungen, Bd. 66, S. 419ff.; Bd. 67, S. 313ff.; HoldheimsMSchr. 05, S. 50; JW. 12, S. 140), oder weil der ablehnende Teil sich darauf beruft, daß der andere Teil die für frühere Lieferungen fälligen Beträge noch nicht bezahlt habe. (Entscheidung des OLG. Hamburg im Recht 09, Ziff. 1850.) In derartigen Fällen fehlt stets das Moment der Endgültigkeit der Weigerung, und alsdann ohne weiteres dem anderen Teil die Rechte aus § 326 BGB. zuzubilligen, geht zu weit, da die Möglichkeit einer Verständigung bei Setzung einer Nachfrist noch immer gegeben ist. (Vgl. das RG. bei Gruchot, Bd. 54, S. 917; in der Leipziger Zeitschr. 09, S. 544, Ziff. 10; Brecht in JheringsJ., Bd. 53, S. 259.) Wohl aber stehen, was Staudinger, Komm. § 326, Anm. III 2c, zu Unrecht leugnet, der Anwendung der Lehre von der positiven Vertragsverletzung Bedenken dann nicht entgegen, wenn der Schuldner zwar an sich leisten will, aber daran willkürlich Bedingungen knüpft, die mit den vertraglichen Vereinbarungen nicht in Einklang zu bringen sind. In einem solchen vertragswidrigen Verhalten kann genau so wie bei einer strikten Erfüllungsweigerung ein „Sich-vom-Vertrage-Lossagen" liegen, das die analoge Anwendbarkeit des § 326 BGB. gerechtfertigt erscheinen läßt. (Ebenso das RG. bei Gruchot, Bd. 54, S. 628, und ähnlich in der HansGZ. 11, Hauptbl. 280; vgl. auch Entscheidungen, Bd. 61, S. 88; JW. 03, Beilage 139, Nr. 305; Staub, HGB., Exkurs zu § 374, Anm. 84, 86 und 176 und Düringer-Hachenburg, HGB., 2. Aufl., Bd. 2, S. 279.) Natürlich ist auch hier zu fordern, daß die vertragswidrige Handlungsweise nicht bloß vorübergehender Natur ist, sondern dem ernstlichen Willen entsprungen ist, sich an den geschlossenen Vertrag nicht mehr zu kehren (Ähnlich das RG. im Recht 12, Nr. 3339.)

Die Hauptsache sowohl bei diesem besonderen Falle der positiven Vertragsverletzung wie überhaupt bei der ganzen Lehre davon ist nur immer, daß ihre Anwendung mit einem besonders feinen juristischen Taktgefühl erfolgt. Alsdann wird sie für das Rechtsleben von dauerndem Segen sein.

Druck von A. W. Hayn's Erben (Curt Gerber), Potsdam.

FSC
www.fsc.org
MIX
Papier | Fördert gute Waldnutzung
FSC® C083411

Kolibri 360 GmbH
Ferdinand-Jühlke-Straße 7
99095 Erfurt, Deutschland
produktsicherheit@kolibri360.de